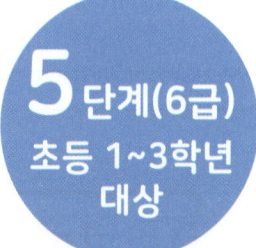

1주 5회 학습 10분

하루 10분으로 한자 급수와 어휘력을 완성하는

뿌리깊은 초등국어

5단계(6급)
초등 1~3학년
대상

한자 6급

(사)한국어문회 주관 한국한자능력검정회 시행 기준

초판 5쇄 발행일 2024년 9월 2일 **발행처** ㈜마더텅 **발행인** 문숙영
책임편집 장윤미 **집필 및 교정** 장윤미, 김보라, 김소율, 손정선
베타테스트 남기명(서울 강덕초), 이기온, 이재원(서울 강덕초)
디자인 김연실, 양은선 **일러스트** 이혜승 **인디자인편집** 김미라
제작 이주영 **주소** 서울시 금천구 가마산로 96, 708호 **등록번호** 제1-2423호(1999년 1월 8일)

＊이 책의 내용은 ㈜마더텅의 사전 동의 없이 어떠한 형태나 수단으로도 전재, 복사, 배포되거나 정보검색시스템에 저장될 수 없습니다.
＊잘못 만들어진 책은 구입처에서 바꾸어 드립니다.
＊교재 및 기타 문의 사항은 이메일(mothert1004@toptutor.co.kr)로 보내주시면 감사하겠습니다.
＊이 책에는 네이버에서 제공한 나눔글꼴과 우아한형제들에서 제공한 배달의민족 주아체가 적용되어 있습니다.
＊교재 구입 시 온/오프라인 서점에 교재가 없는 경우에는
고객센터 전화 1661-1064(07:00~22:00)로 문의해 주시기 바랍니다.

마더텅

뿌리깊은 초등국어 한자 6급(5단계)

1주차

📋 주간학습계획표

표지		학습내용	학습계획일
01회	公	공평할 공	☐월 ☐일
02회	共	한가지 공	☐월 ☐일
03회	社	모일 사	☐월 ☐일
04회	會	모일 회	☐월 ☐일
05회	業	업 업	☐월 ☐일

구성 1

주간학습계획표

〈뿌리깊은 초등국어 한자 6급(5단계)〉은 공부할 내용을 주 단위로 묶었습니다.
'주간학습계획표'를 활용하여 한 주 동안 공부할 내용을 미리 살펴보고
스스로 계획을 세울 수 있습니다.

구성 2

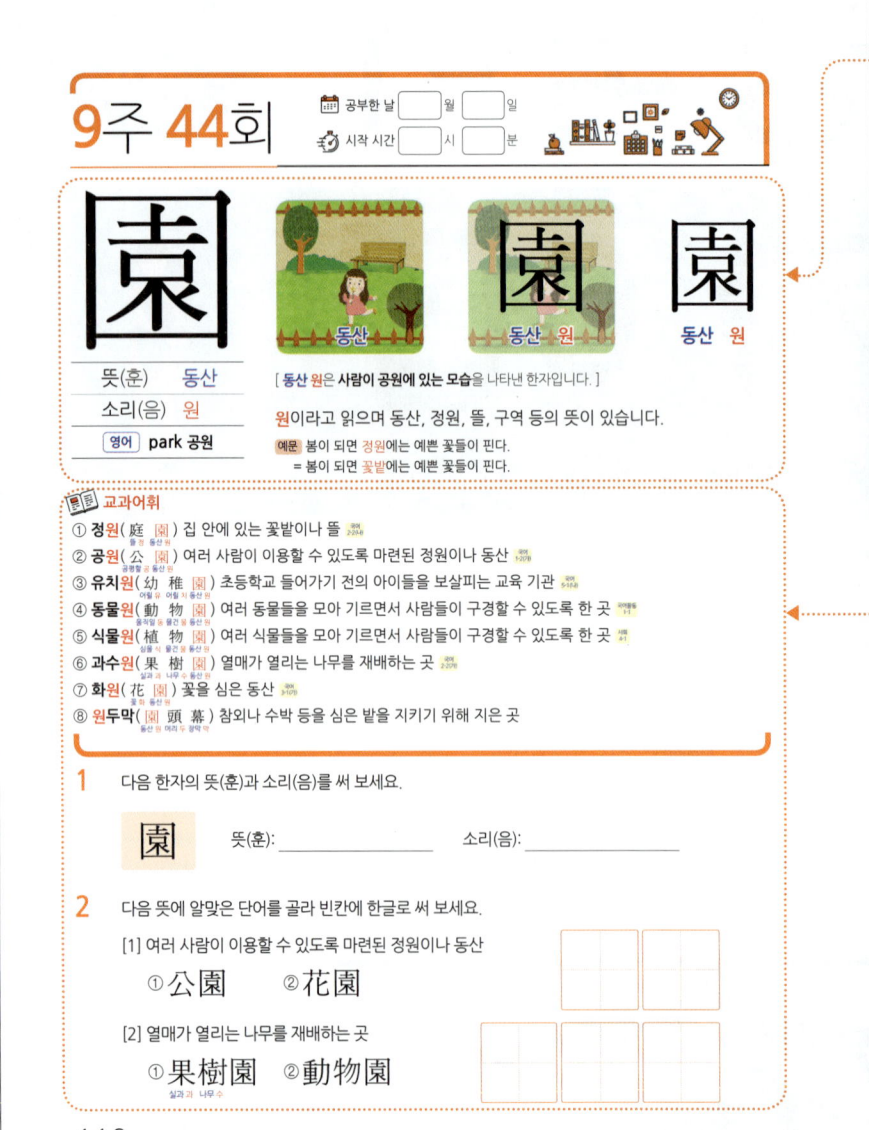

학습한자 확인

해당 한자의 뜻과 음을 확인하는 순서입니다.
한자의 어원을 초등학생 수준에서
이해할 수 있도록 쉽게 각색하여 설명하고,
그림으로 나타내었습니다.
한자 단어를 사용한 예문과,
한자를 쉽게 풀어 설명한 예문을 함께
수록하였습니다.
또한, 한자의 쓰임과 어울리는 간단한 영단어를
추가하여 학생들이 영어와 한자를 동시에
학습할 수 있도록 하였습니다.

구성 3

교과 단어 더하기

해당 한자를 활용한 단어를 교과서에 나오는
어휘 중심으로 수록하였습니다.
초등학생이 자주 쓰는 단어들뿐만 아니라
초등학생이 꼭 알아야하는 단어들로
구성하였습니다. 교과서 표시를 보고 몇 학년이
이 어휘를 배우는지 확인할 수 있습니다.
또한, 간단한 문제를 통해
학생들이 교과 단어의 뜻을 한 번 더
확인하며 익힐 수 있습니다.

한자 쓰기

한자를 쓰며 부수와 획순을 익히는 순서입니다.
모든 획순마다 방향이 표시되어 있고, 회색 따라쓰기로 처음부터 마지막까지 획순대로
따라 쓸 수 있게 되어있습니다. 3번은 해설지에 따로 답이 표시되어 있지 않고
모든 칸을 정확하게 다 채우면 정답입니다. 표의 구성대로 한자를 쓰다보면,
자연스럽게 한자를 획순대로 정확하게 익히고 바르게 쓸 수 있게 될 것입니다.

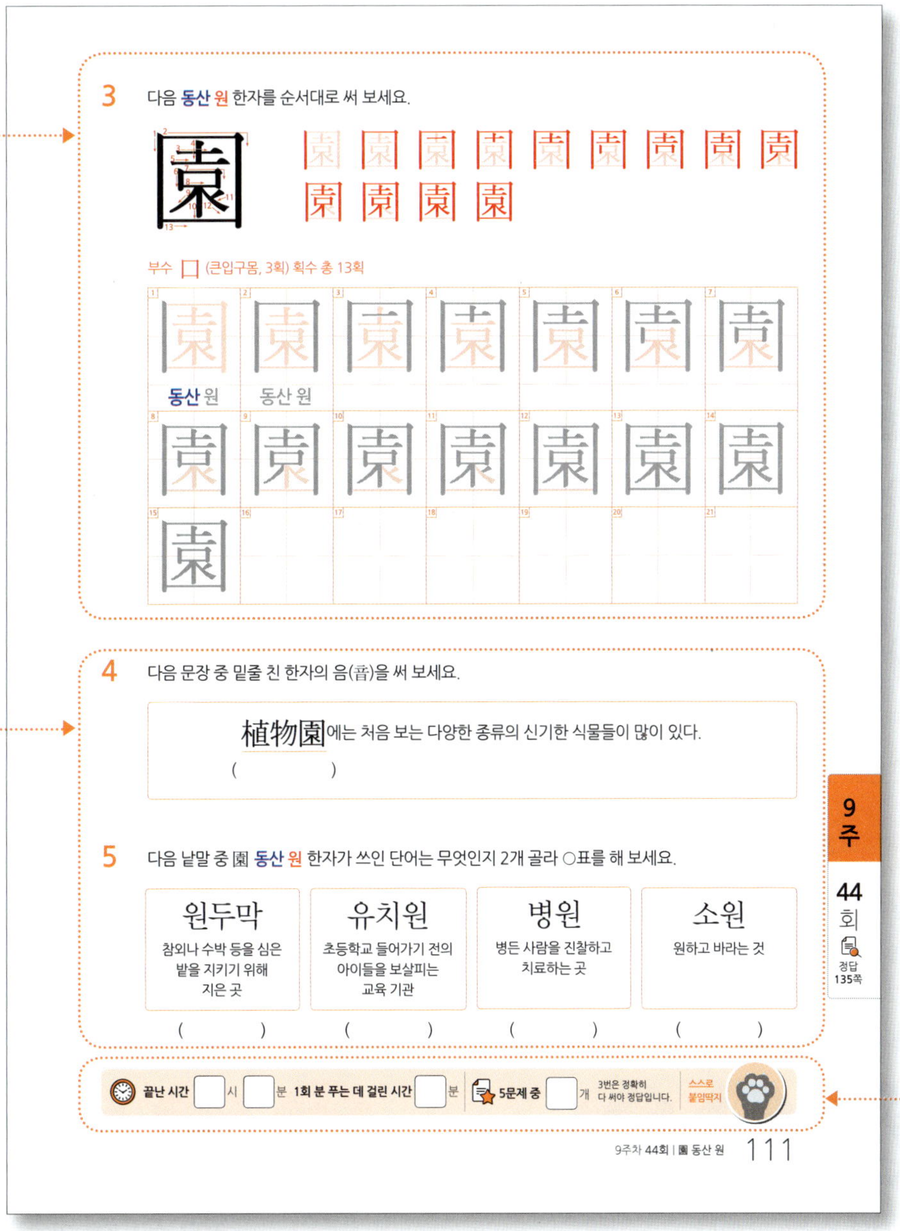

3 다음 **동산 원** 한자를 순서대로 써 보세요.

園

園 園 園 園 園 園 園 園 園
園 園 園 園

부수 □ (큰입구몸, 3획) 획수 총 13획

園 동산 원	園 동산 원					

4 다음 문장 중 밑줄 친 한자의 음(音)을 써 보세요.

植物園에는 처음 보는 다양한 종류의 신기한 식물들이 많이 있다.

(   )

5 다음 낱말 중 園 **동산 원** 한자가 쓰인 단어는 무엇인지 2개 골라 ○표를 해 보세요.

원두막	유치원	병원	소원
참외나 수박 등을 심은 밭을 지키기 위해 지은 곳	초등학교 들어가기 전의 아이들을 보살피는 교육 기관	병든 사람을 진찰하고 치료하는 곳	원하고 바라는 것
( )	( )	( )	( )

9주
44회
정답 135쪽

⏱ 끝난 시간 [ ]시 [ ]분 1회 분 푸는 데 걸린 시간 [ ]분 ⭐ 5문제 중 [ ]개 3번은 정확히 다 써야 정답입니다. 스스로 붙임딱지

어휘력 강화 문제

〈뿌리깊은 초등국어 한자 6급(5단계)〉에는 한자를 익히고
활용하여 풀 수 있는 다양한 문제들이 들어있습니다.
한자어, 관용어 등을 통해 한자가 실제 언어생활에서
어떻게 사용되는지 살펴보고, 한자가 가지고 있는
여러 뜻을 파악할 수 있습니다.

학습결과 점검표

한 회를 마칠 때마다 걸린 시간 및 맞힌 문제의 개수, 그리고
'평가 붙임딱지'를 붙일 수 있는 (자기주도평가)란이 있습니다.
모든 공부를 다 마친 후 스스로 그 결과를 기록함으로써
그날의 공부를 다시 한 번 되짚어볼 수 있으며,
성취해 나가는 기쁨을 느낄 수 있습니다.

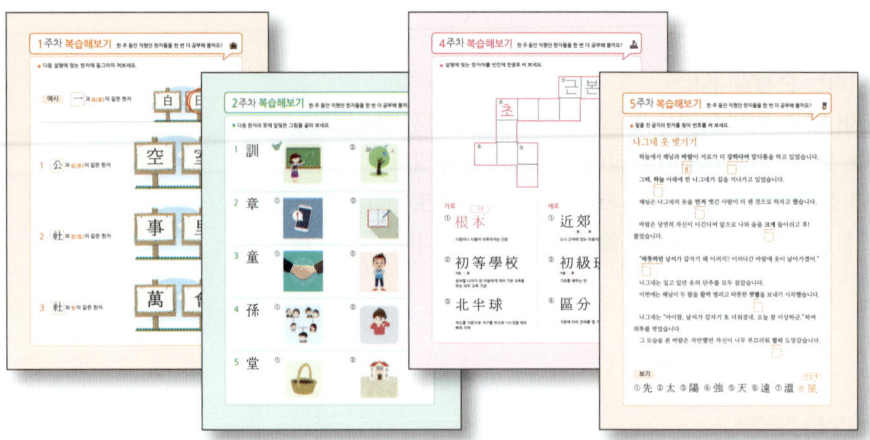

구성 7

다양한 주간 복습 활동

〈뿌리깊은 초등국어 한자 6급(5단계)〉에는 주마다 한자 복습에 도움이 될 만한 다양한 활동들이 실려 있습니다.

한자 나무 기르기

〈뿌리깊은 초등국어 한자 6급(5단계)〉은 학생이 공부한 진도를 확인할 수 있도록 '한자 나무 기르기'를 부록으로 실었습니다.
회차를 마칠 때마다 알맞은 칸에 붙임딱지를 붙여서 한자 나무를 완성해 보세요.

한자 나무 기르기 붙임딱지 활용법

공부를 마치면 나무에 알맞은 붙임딱지를
'한자 나무 기르기'에 붙이세요.
나무를 완성해 가면서 끝까지 공부를 했다는
성취감을 느껴 보세요.

＊한자 나무 기르기는 뒤표지 안쪽에 있습니다.

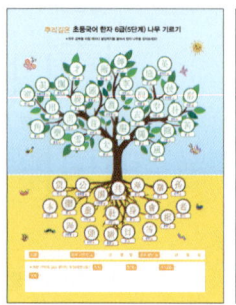

스스로 붙임딱지 활용법

공부를 마치면 아래 보기를 참고해 알맞은 붙임딱지를 '학습결과 점검표'에 붙이세요.
＊붙임딱지는 마지막 장에 있습니다.

다 풀고 나서 스스로 대단하다는 생각이 들었을 때

- 정답 수 : 4개 이상
- 걸린 시간 : 10분 이하

열심히 풀었지만 어려운 문제가 있었을 때

- 정답 수 : 3개 이하
- 걸린 시간 : 15분 이상

오늘 배운 내용이 재미있었을 때

- 점수와 상관없이 학생이 재미있게 학습했다면

스스로 공부를 시작하고 끝까지 마쳤을 때

- 학생이 스스로 먼저 오늘 할 공부를 시작하고 끝까지 했다면

2025 마더텅 제5기 초등학교 성적 우수 장학생 모집

2025년 저희 교재로 열심히 공부해 주신 분들께 장학금을 드립니다!

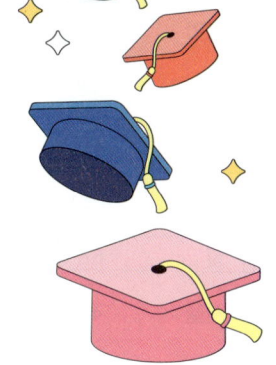

대상 **30**만 원 / 금상 **10**만 원 / 은상 **3**만 원

지원 자격 및 장학금

초1 ~ 초6

지원 과목 국어 / 영어 / 한자 중 1과목 이상 지원 가능 ※여러 과목 지원 시 가산점이 부여됩니다.

성적 기준

아래 2가지 항목 중 1개 이상의 조건에 해당하면 지원 가능

① 2024년 2학기 혹은 2025년 1학기 초등학교 생활통지표 등 학교에서 배부한 학업성취도를 확인할 수 있는 서류

② 2024년 7월~2025년 6월 시행 초등학생 대상 국어/영어/한자 해당 인증시험 성적표

책과함께 KBS한국어능력시험, J-ToKL, 전국영어학력경시대회, G-TELP Jr., TOEFL Jr., TOEIC Bridge, TOSEL, 한자능력검정시험(한국어문회, 대한검정회, 한자교육진흥회 주관)

위 조건에 해당한다면

마더텅 초등 교재로 공부하면서 **느낀 점**과 **공부 방법**, **학업 성취**, **성적 변화** 등에 관한 자신만의 수기를 작성해서 마더텅으로 보내 주세요. 우수한 글을 보내 주신 분들께 **수기 공모 장학금**을 드립니다!

응모 대상 마더텅 초등 교재들로 공부한 초1~초6

뿌리깊은 초등국어 독해력, 뿌리깊은 초등국어 독해력 어휘편, 뿌리깊은 초등국어 독해력 한국사, 뿌리깊은 초등국어 한자, 초등영문법 3800제, 초등영문법 777, 초등영어 받아쓰기·듣기 10회 모의고사, 초등교과서 영단어 2400, 비주얼파닉스 Visual Phonics, 중학영문법 3800제 스타터 및 기타 마더텅 초등 교재 중 1권 이상으로 신청 가능

응모 방법

① 마더텅 홈페이지 이벤트 게시판에 접속

② [2025 마더텅 초등학교 장학생 선발] 클릭 후 [2025 마더텅 초등학교 장학생 지원서 양식]을 다운

③ [2025 마더텅 초등학교 장학생 지원서 양식] 작성 후 메일(mothert.marketing@gmail.com)로 발송

접수 기한 2025년 7월 31일   **수상자 발표일** 2025년 8월 12일   **장학금 수여일** 2025년 9월 10일

※유의 사항 1. 마더텅 장학생 선발에 응모하며 제출한 자료(이름, 학교명, 성적 인증 자료, 후기 등)는 장학생 선발을 위해 사용되며, 마더텅 장학생에 선발될 경우 위의 자료가 출판사의 교재 개발 및 홍보에 사용될 수 있습니다. 마더텅 장학생으로 선발된 것을 승인하고 장학금을 수령한 경우 위의 사항에 동의한 것으로 간주합니다. 2. 위와 같이 개인 정보를 수집하고 이용하는 것에 대해 동의를 거부할 수 있으며, 동의를 거부할 경우 참여가 불가능합니다. 3. 만 14세 미만은 부모님께서 신청해 주셔야 합니다. 4. 제출한 자료는 반환되지 않으며, 제출한 자료의 내용과 관련하여 확인이 필요한 경우 관련 자료의 우편 제출을 요구할 수 있습니다. 5. 장학금 지급 방법은 선발된 분께 개별적으로 통지합니다. 6. 마더텅 장학생 선발 후에도 소정의 활동(심층 소비자 조사, 교재 후기 작성 등)이 있을 예정입니다. 7. 제출한 자료의 내용이 사실과 다를 경우 장학생 선발은 취소될 수 있으며, 장학금을 수령한 경우 반환하여야 합니다. 8. 10만원 이상의 장학금(수기 공모 당선금) 수령 시 관계법령에 따라 제세공과금(22%)은 당첨자 본인 부담이며, 제세공과금 처리 및 장학금 발송을 위해 장학금 수기 공모 당선자의 개인정보를 요청할 수 있습니다. 9. 위 상금은 제세공과금을 제외하고 수상자에게 실제 지급되는 금액입니다.

뿌리깊은 초등국어 한자 6급(5단계)

1주차

주간학습계획표

회차	학습내용			학습계획일
01회	公	공평할 공		[ ]월 [ ]일
02회	共	한가지 공		[ ]월 [ ]일
03회	社	모일 사		[ ]월 [ ]일
04회	會	모일 회		[ ]월 [ ]일
05회	業	업 업		[ ]월 [ ]일

공평하다

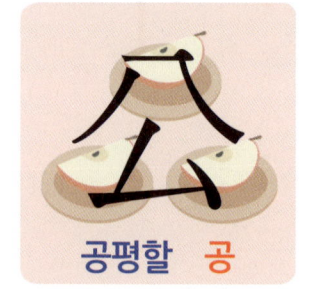
공평할 공

공평할 공

뜻(훈)	공평할
소리(음)	공

영어 fair 공평하다

[**공평할 공**은 **물건을 똑같이 나누는 모습**을 나타낸 한자입니다.]

공이라고 읽으며 공평하다, 드러내다 등의 뜻이 있습니다.

예문 민후의 꿈은 **공익** 광고를 만드는 것이다.
= 민후의 꿈은 **사회 모두의 이익**을 위한 광고를 만드는 것이다.

📖 **교과어휘**

① **공평**(公 平) 어느 한쪽에 치우치지 않고 바름
  공평할 공 평평할 평
② **공연**(公 演) 여러 사람 앞에서 무용, 연극 등을 펼침 국어 1-2(가)
  공평할 공 펼 연
③ **주인공**(主 人 公) 소설, 연극 등에서 내용을 이끌어가는 중요 인물 국어 1-2(가)
  주인 주 사람 인 공평할 공
④ **공개**(公 開) 무언가를 다른 사람들에게 널리 열어 보임 사회 4-1
  공평할 공 열 개
⑤ **공식**(公 式) 사회 전체에 걸쳐 공적으로 인정된 방식이나 형식 국어 6-1(나)
  공평할 공 법 식
⑥ **공공장소**(公 共 場 所) 사회의 여러 사람들이 함께 이용하는 곳 국어 3-1(나)
  공평할 공 한가지 공 마당 장 바 소
⑦ **공원**(公 園) 여러 사람이 이용할 수 있도록 마련된 정원이나 동산 국어 1-2(가)
  공평할 공 동산 원
⑧ **공익**(公 益) 사회 모두의 이익 국어 4-2(가)
  공평할 공 더할 익

---

1 다음 한자의 뜻(훈)과 소리(음)를 써 보세요.

公 뜻(훈): _____ 소리(음): _____

2 다음 뜻에 알맞은 단어를 골라 빈칸에 한글로 써 보세요.

[1] 어느 한쪽에 치우치지 않고 바름

①公平 ②公式
        법 식

[2] 여러 사람이 이용할 수 있도록 마련된 정원이나 동산

①公開 ②公園
  열 개   동산 원

3 다음 **공평할 공** 한자를 순서대로 써 보세요.

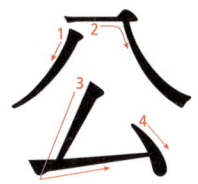

公公公公

부수 八 (여덟팔, 2획) 획수 총 4획

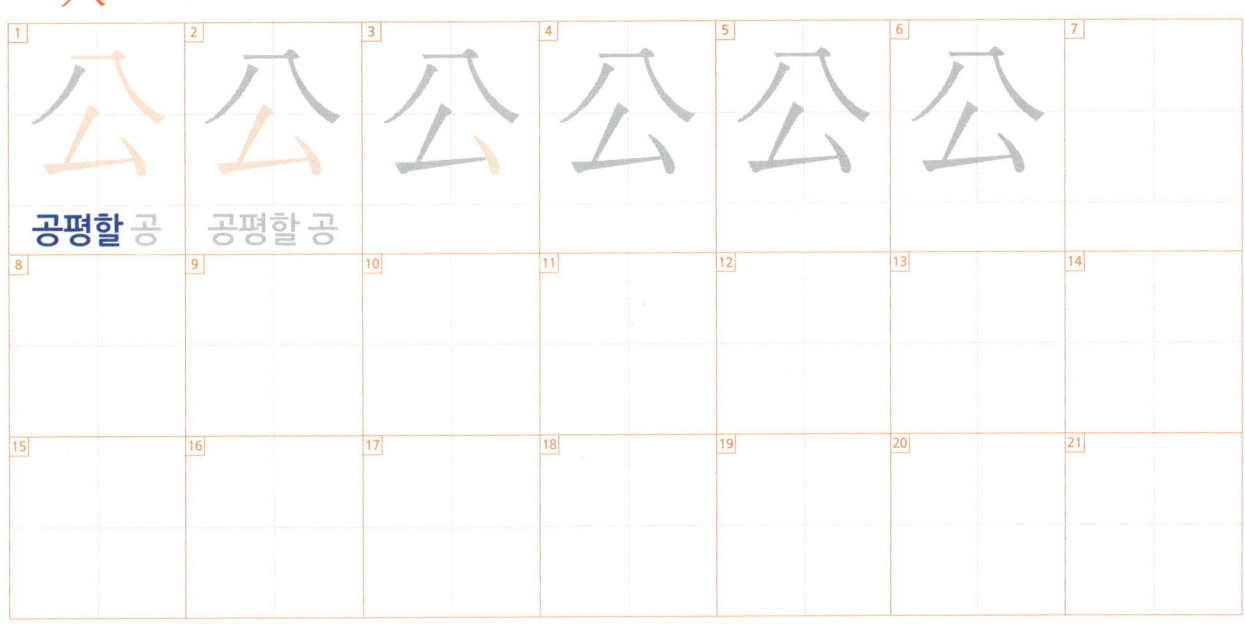

1 公	2 公	3 公	4 公	5 公	6 公	7
공평할 공	공평할 공					
8	9	10	11	12	13	14
15	16	17	18	19	20	21

4 다음 문장 중 밑줄 친 부분을 한자어로 써 보세요.

옛이야기 〈춘향전〉에서 **내용을 이끌어가는 중요 인물**은 춘향과 몽룡이다.

내용을 이끌어가는 중요 인물 = ☐ ☐ ☐

5 다음 낱말 중 公 **공평할 공** 한자가 쓰인 단어는 무엇인지 2개 골라 ○표를 해 보세요.

공공장소	허공	공연	공부
사회의 여러 사람들이 함께 이용하는 곳	하늘과 땅 사이의 텅 비어있는 공간	여러 사람 앞에서 무용, 연극 등을 펼침	학문이나 기술을 배우고 닦음
( )	( )	( )	( )

共

뜻(훈) **한가지**
소리(음) **공**

영어 **together 함께**

[한가지 공은 **물건을 공손하게 들고 있는 모습**을 나타낸 한자입니다.]

공이라고 읽으며 함께, 모두, 공손하다 등의 뜻이 있습니다.

예문 영화관에서는 공공질서를 잘 지켜야 해.
= 영화관에서는 사회적 규칙을 잘 지켜야 해.

📖 **교과어휘**

① **공동**(共 同) 여럿이 힘을 합하여 함께 일을 함. 또는 여럿이 같은 자격으로 관계를 가짐 겨울 2-2
한가지 공 한가지 동

② **공통점**(共 通 點) 여럿 사이에서 두루 같거나 통하는 점 겨울 2-2
한가지 공 통할 통 점 점

③ **공유**(共 有) 여럿이 공동으로 가짐 국어 6-1(가)
한가지 공 있을 유

④ **공감**(共 感) 남의 생각, 감정 등에 대해 자신도 그렇다고 느낌 국어 4-2(나)
한가지 공 느낄 감

⑤ **공공질서**(公 共 秩 序) 여러 사람들이 사회에서 함께 지켜야 할 예의 사회 4-1
공평할 공 한가지 공 차례 질 차례 서

⑥ **공공시설**(公 共 施 設) 사회의 여러 사람들이 함께 쓸 수 있도록 한 시설 국어 6-1(나)
공평할 공 한가지 공 베풀 시 베풀 설

⑦ **공존**(共 存) 함께 존재함. 또는 함께 도우면서 삶
한가지 공 있을 존

1 다음 한자의 뜻(훈)과 소리(음)를 써 보세요.

共 뜻(훈): _____ 소리(음): _____

2 다음 뜻에 알맞은 단어를 골라 빈칸에 한글로 써 보세요.

[1] 여럿이 같은 자격으로 관계를 가짐

① 共同 　　② 共感
　　　　　　　느낄 감

[2] 여럿이 공동으로 가짐

① 共有 　　② 共存
　　　　　　　있을 존

3 다음 **한가지 공** 한자를 순서대로 써 보세요.

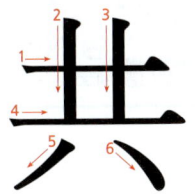

共 共 共 共 共 共

부수 **八** (여덟팔, 2획) 획수 총 6획

1	2	3	4	5	6	7
共	共	共	共	共	共	共

한가지 공	한가지 공	10	11	12	13	14
共						

15	16	17	18	19	20	21

4 다음 문장 중 빈칸에 들어갈 알맞은 단어를 골라 보세요. ⋯⋯⋯⋯⋯⋯⋯⋯ [   ]

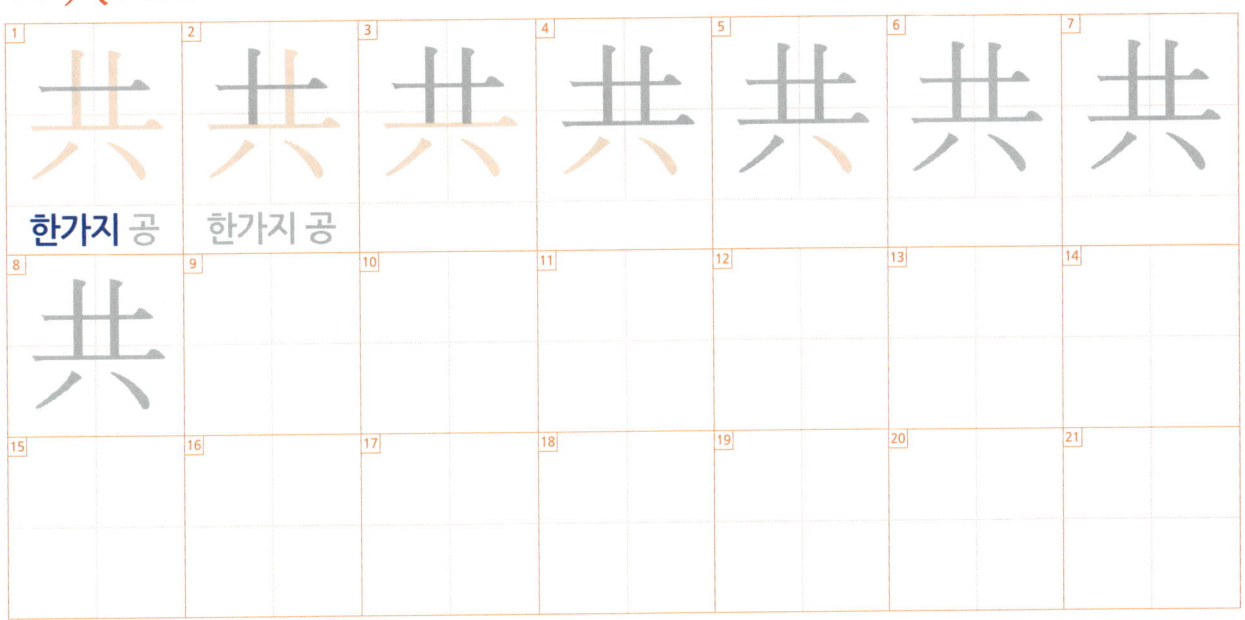

자전거와 자동차는 바퀴가 달렸다는 (   )이/가 있어.

① 공공질서(公共秩序)
   차례 질 차례 서

② 공통점(共通點)
   통할통 점 점

③ 공존(共存)
   있을 존

④ 공유(共有)

5 다음 낱말 중 共 **한가지 공** 한자가 쓰인 단어는 무엇인지 2개 골라 ○표를 해 보세요.

공사장	공감	공장	공공시설
공사가 진행되고 있는 곳	남의 생각, 감정 등에 대해 자신도 그렇다고 느낌	기계를 이용해 물건을 만드는 곳	사회의 여러 사람들이 함께 쓸 수 있도록 한 시설
( )	( )	( )	( )

끝난 시간 ☐ 시 ☐ 분 **1회 분 푸는 데 걸린 시간** ☐ 분 **5문제 중** ☐ 개 3번은 정확히 다 써야 정답입니다.

 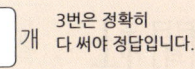 
스스로 붙임딱지

社

모이다 · 모일 사 · 모일 사

뜻(훈) 모일
소리(음) 사

영어 **company 단체**

[**모일 사**는 토지의 신에게 제사를 지내려고 사람들이 모인 모습을 나타낸 한자입니다.]

사라고 읽으며 모이다, 모임, 단체 등의 뜻이 있습니다.

예문 아침이 되면 회사원은 회사로 출근해.
= 아침이 되면 회사에 다니는 사람은 회사로 출근해.

📖 **교과어휘**

① **사회**(社 會) 사람들이 집단적으로 모여 이룬 세계 겨울 2-2
　　　　모일 사 모일 회
② **회사**(會 社) 이윤을 목적으로 하는 사적인 기관 국어활동 1-2
　　　　모일 회 모일 사
③ **사장**(社 長) 회사의 대표. 가장 책임자
　　　　모일 사 길 장
④ **회사원**(會 社 員) 회사에 다니는 사람. 회사의 직원
　　　　　모일 회 모일 사 인원 원
⑤ **여행사**(旅 行 社) 여행을 도와주는 회사 국어 3-2(나)
　　　　나그네 여 다닐 행 모일 사
⑥ **출판사**(出 版 社) 책이나 그림을 펴내는 회사 국어 3-1(나)
　　　　날 출 널 판 모일 사
⑦ **신문사**(新 聞 社) 신문을 만드는 회사 국어 3-2(나)
　　　　새 신 들을 문 모일 사

---

1 다음 한자의 뜻(훈)과 소리(음)를 써 보세요.

社 뜻(훈): ＿＿＿＿＿＿＿＿＿＿＿　　소리(음): ＿＿＿＿＿＿＿＿＿＿＿

2 다음 뜻에 알맞은 단어를 골라 빈칸에 한글로 써 보세요.

[1] 회사의 대표. 가장 책임자

①社長　　②會社
　　　　　　모일 회

[2] 신문을 만드는 회사

①新聞社　　②會社員
　새 신　들을 문　　모일 회　　인원 원

3 다음 **모일 사** 한자를 순서대로 써 보세요.

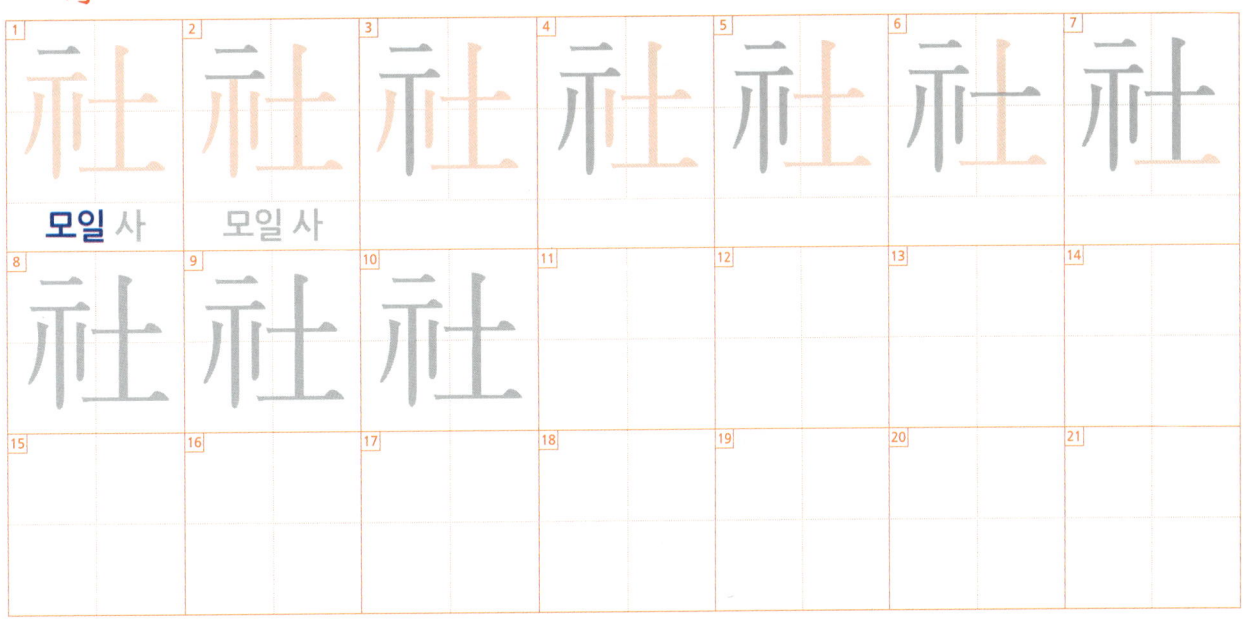

부수 示 (보일시, 5획) 획수 총 8획

1 社	2 社	3 社	4 社	5 社	6 社	7 社
모일 사	모일 사					
8 社	9 社	10 社	11	12	13	14
15	16	17	18	19	20	21

4 다음 문장 중 밑줄 친 한자의 음(音)을 써 보세요.

오늘 社會 시간에는 우리 고장의 문화유산에 대해 배웠어.

(   )

5 다음 낱말 중 社 **모일 사** 한자가 쓰인 단어는 무엇인지 2개 골라 ○표를 해 보세요.

사각형	여행사	사촌	출판사
네 개의 각과 네 개의 선분으로 이루어진 도형	여행을 도와주는 회사	부모님의 형제자매의 자녀들	책이나 그림을 펴내는 회사
( )	( )	( )	( )

끝난 시간 [ ]시 [ ]분 **1회 분 푸는 데 걸린 시간** [ ]분 ⭐ **5문제 중** [ ]개 3번은 정확히 다 써야 정답입니다. **스스로 붙임딱지**

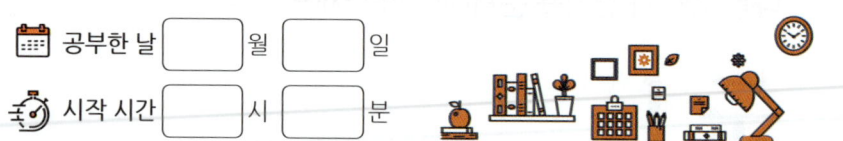
會

모이다

모일 회

모일 회

뜻(훈) 모일
소리(음) 회

영어 meeting 모임

[**모일 회**는 **음식이 담긴 그릇의 뚜껑을 덮는 모습**을 나타낸 한자입니다.]

회라고 읽으며 모이다, 모으다, 만나다, 합치다 등의 뜻이 있습니다.

예문 청소 당번을 어떻게 정할지 함께 회의해보자.
= 청소 당번을 어떻게 정할지 함께 생각을 얘기해보자.

📖 교과어휘

① **회의**(會 議) 여러 사람이 모여 서로 의견을 주고받음 국어활동 2-1
　　　 모일 회 의논할 의
② **회장**(會 長) 모임의 대표. 또는 회사에서 사장보다 높은 지위 겨울 1-2
　　　 모일 회 길 장
③ **사회자**(司 會 者) 모임이나 행사에서 진행을 맡은 사람 국어 4-1(나)
　　　 맡을 사 모일 회 놈 자
④ **대회**(大 會) 많은 사람들이 모여 실력을 겨루는 행사 겨울 1-2
　　　 큰 대 모일 회
⑤ **연주회**(演 奏 會) 여러 사람의 앞에서 음악을 연주하는 모임 국어 1-2(나)
　　　 펼 연 아뢸 주 모일 회
⑥ **전시회**(展 示 會) 어떤 특정한 물건들을 벌여 놓고 다른 사람들에게 내보임 국어 2-2(가)
　　　 펼 전 보일 시 모일 회
⑦ **국회**(國 會) 국회의원들이 모여서 나랏일을 결정하는 회의 국어 4-2(가)
　　　 나라 국 모일 회
⑧ **설명회**(說 明 會) 사람들을 모아 어떤 것에 대해 알려주는 자리 사회 4-1
　　　 말씀 설 밝을 명 모일 회

1 다음 한자의 뜻(훈)과 소리(음)를 써 보세요.

會　　뜻(훈): ＿＿＿＿＿＿＿＿＿　　소리(음): ＿＿＿＿＿＿＿＿＿

2 다음 뜻에 알맞은 단어를 골라 빈칸에 한글로 써 보세요.

[1] 모임의 대표. 또는 회사에서 사장보다 높은 지위

①會長　　②國會

[2] 사람들을 모아 어떤 것에 대해 알려주는 자리

①展示會　　②說明會
　펼 전 보일 시　　말씀 설

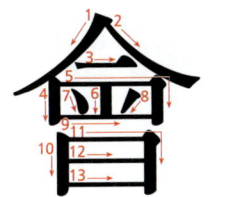

3 다음 **모일** **회** 한자를 순서대로 써 보세요.

부수 曰 (가로왈, 4획) 획수 총 13획

1 會 **모일** 회	2 會 모일 회	3 會	4 會	5 會	6 會	7 會
8 會	9 會	10 會	11 會	12 會	13 會	14 會
15 會	16	17	18	19	20	21

4 다음 문장 중 밑줄 친 한자의 음(音)을 써 보세요.

이번 교내 논술 **大會**에서 은지가 금상을 받았어.

(   )

5 다음 낱말 중 會 **모일** **회** 한자가 쓰인 단어는 무엇인지 2개 골라 ○표를 해 보세요.

회색	후회	연주회	사회자
검정색과 흰색의 사이 색깔	시간이 지난 후에서야 잘못을 깨닫고 뉘우침	여러 사람의 앞에서 음악을 연주하는 모임	모임이나 행사에서 진행을 맡은 사람
( )	( )	( )	( )

끝난 시간 ☐ 시 ☐ 분 **1회 분 푸는 데 걸린 시간** ☐ 분 **5문제 중** ☐ 개 3번은 정확히 다 써야 정답입니다. **스스로 붙임딱지**

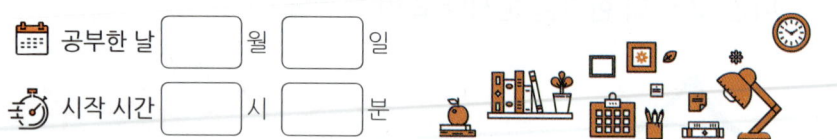

業

 업

 업 업

  업 업

뜻(훈) 업
소리(음) 업
영어 job 직업

[**업** 業은 **악기를 걸어놓는 도구의 모양**을 보고 만들었습니다.]

업이라고 읽으며 업, 생계 등의 뜻이 있습니다.

예문 수업 시간에는 떠들면 안 돼.
= 공부를 배우는 시간에는 떠들면 안 돼.

📖 **교과어휘**

① **직업**(職 業) 사회에서 생활을 하고 돈을 벌기 위해 하는 일 국어활동 1-2
　　벼슬 직 업 업
② **졸업**(卒 業) 학교나 기관에서 어떤 교육 과정을 마침 국어 4-2(나)
　　마칠 졸 업 업
③ **수업**(授 業) 학교나 학원에서 정해진 시간에 지식을 가르침 국어 1-1(나)
　　줄 수 업 업
④ **업적**(業 績) 어떤 분야나 일에서 쌓은 성과 사회 3-1
　　업 길쌈할 적
⑤ **작업**(作 業) 일터에서 육체적 또는 정신적인 일을 함 국어 4-1(가)
　　지을 작 업 업
⑥ **사업**(事 業) 주로 생산과 이익을 위하는 계획적인 경제 활동 사회 4-1
　　일 사 업 업
⑦ **취업**(就 業) 직업을 얻음 국어 3-1(가)
　　나아갈 취 업 업

---

1 다음 한자의 뜻(훈)과 소리(음)를 써 보세요.

業 뜻(훈): ＿＿＿＿＿＿＿＿＿　소리(음): ＿＿＿＿＿＿＿＿＿

2 다음 뜻에 알맞은 단어를 골라 빈칸에 한글로 써 보세요.

[1] 일터에서 육체적 또는 정신적인 일을 함

①作業　　②就業
　　　　　　나아갈 취

[2] 주로 생산과 이익을 위하는 계획적인 경제 활동

①事業　　②授業
　　　　　　줄 수

3 다음 **업 업** 한자를 순서대로 써 보세요.

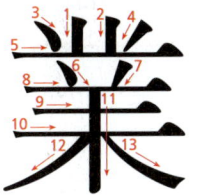

業 業 業 業 業 業 業 業 業
業 業 業 業

부수 木 (나무목 , 4획) 획수 총 13획

4 다음 문장 중 빈칸에 들어갈 알맞은 단어를 골라 보세요. ·································· [   ]

> (   ) 체험의 날을 맞아, 소방서에 방문해 직접 불을 꺼 보았다.

① 수업(授業)   ② 직업(職業)   ③ 업적(業績)   ④ 졸업(卒業)
　줄 수　　　　　　 벼슬 직　　　　　 길쌈할 적　　　　 마칠 졸

5 다음 낱말 중 業 **업 업** 한자가 쓰인 단어는 무엇인지 3개 골라 ○표를 해 보세요.

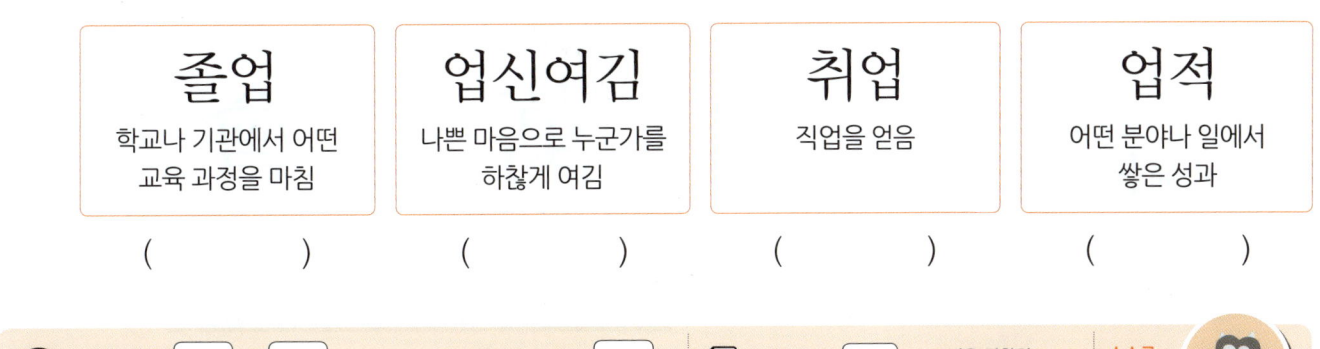

● 다음 설명에 맞는 한자에 동그라미 쳐보세요.

| 예시 | 一 과 **음(音)**이 같은 한자 |  |

1 公 과 **음(音)**이 같은 한자

2 社 와 **음(音)**이 같은 한자

3 社 와 **뜻**이 같은 한자

2주차

 주간학습계획표

회차	학습내용	학습계획일
06회	訓 가르칠 훈	☐ 월 ☐ 일
07회	章 글 장	☐ 월 ☐ 일
08회	童 아이 동	☐ 월 ☐ 일
09회	孫 손자 손	☐ 월 ☐ 일
10회	堂 집 당	☐ 월 ☐ 일

訓

뜻(훈)　　가르칠

소리(음)　훈

영어 teach 가르치다

 가르치다

 가르칠 훈

 가르칠 훈

[**가르칠 훈**은 **말씀 언(言)과 내 천(川)**이 합쳐진 글자로, 말이 물 흐르듯이 자연스러움을 나타낸 한자입니다.]

훈이라고 읽으며 가르치다, 타이르다, 인도하다 등의 뜻이 있습니다.

예문 교장선생님의 훈화가 있겠습니다.
　　 = 교장선생님의 교훈을 주는 말이 있겠습니다.

📖 교과어휘

① **교훈**(敎 訓) 앞으로의 삶에 도움이 되는 가르침　국어 4-2(나)
　　　가르칠 교 가르칠 훈

② **훈민정음**(訓 民 正 音) 세종대왕이 만든 우리나라 글자의 이름　국어 4-1(나)
　　　　가르칠 훈 백성 민 바를 정 소리 음

③ **훈장님**(訓 長 님) 옛날에 글방에서 글을 가르치는 선생님을 부르던 말
　　　　가르칠 훈 길 장

④ **훈련**(訓 鍊) 재주나 무술을 반복하여 익힘　국어 2-2(가)
　　　가르칠 훈 단련할 련

⑤ **훈련소**(訓 鍊 所) 훈련을 하기 위한 곳　국어 3-2(나)
　　　　가르칠 훈 단련할 련 바 소

⑥ **훈화**(訓 話) 교훈을 주는 말
　　　가르칠 훈 말씀 화

⑦ **가훈**(家 訓) 실천해야 할 것으로 삼는 집안의 교훈　국어 4-1(가)
　　　집 가 가르칠 훈

---

1 다음 한자의 뜻(훈)과 소리(음)를 써 보세요.

訓　　뜻(훈): _____　　소리(음): _____

2 다음 뜻에 알맞은 단어를 골라 빈칸에 한글로 써 보세요.

[1] 실천해야 할 것으로 삼는 집안의 교훈

　　① 訓話　　② 家訓

[2] 재주나 무술을 반복하여 익힘

　　① 訓鍊　　② 敎訓
　　　단련할 련

3 다음 **가르칠 훈** 한자를 순서대로 써 보세요.

부수 言 (말씀언, 7획) 획수 총 10획

1 訓	2 訓	3	4	5	6	7
가르칠 훈	가르칠 훈					
8 訓	9 訓	10 訓	11 訓	12 訓	13	14
15	16	17	18	19	20	21

4 다음 문장 중 밑줄 친 한자의 음(音)을 써 보세요.

한글날은 訓民正音이 만들어진 것을 기념하는 날이야.

(   )

5 다음 낱말 중 訓 **가르칠 훈** 한자가 쓰인 단어는 무엇인지 2개 골라 ○표를 해 보세요.

훈제	공훈	훈련소	훈장님
물고기나 고기를 소금에 절여 연기에 그슬림	사업이나 나라를 위해 크게 세운 공로	훈련을 하기 위한 곳	옛날에 글방에서 글을 가르치는 선생님을 부르던 말
( )	( )	( )	( )

끝난 시간 [ ]시 [ ]분 **1회 분 푸는 데 걸린 시간** [ ]분   ★ **5문제 중** [ ]개   3번은 정확히 다 써야 정답입니다.   **스스로 붙임딱지**

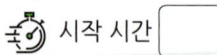

章

 글

 글 장

 글 장

뜻(훈)   글

소리(음) 장

영어 sentence 문장

[글 장은 **송곳으로 표시하는 모습**을 나타낸 한자입니다.]

장이라고 읽으며 글, 문장 등의 뜻이 있습니다.

예문 나는 문장을 잘 쓰기 위해 책을 많이 읽는다.
= 나는 언어로 나타낸 글을 잘 쓰기 위해 책을 많이 읽는다.

교과어휘

① **문장**(文 章) 주어와 서술어를 갖는 말이나 글의 최소 단위 국어 1-1(나)
　　글월 문 글 장

② **도장**(圖 章) 나무, 고무 등에 글자를 새겨 종이에 찍을 수 있도록 한 것 가을 1-2
　　그림 도 글 장

③ **도장방**(圖 章 房) 도장을 팔거나 새겨주는 가게
　　그림 도 글 장 방 방

④ **문장부호**(文 章 符 號) 온점(.), 반점(,), 느낌표(!), 물음표(?) 등 문장에 쓰는 부호
　　글월 문 글 장 부호 부 이름 호

⑤ **명문장**(名 文 章) 매우 잘 지은 문장
　　이름 명 글월 문 글 장

⑥ **문장가**(文 章 家) 글을 매우 잘 짓는 사람
　　글월 문 글 장 집 가

⑦ **훈장**(勳 章) 나라에 공을 세운 사람에게 내리는 휘장
　　공훈 글 장

---

1 다음 한자의 뜻(훈)과 소리(음)를 써 보세요.

章   뜻(훈): _____   소리(음): _____

2 다음 뜻에 알맞은 단어를 골라 빈칸에 한글로 써 보세요.

[1] 나무 등에 글자를 새겨 종이에 찍을 수 있도록 한 것

① 勳章   ② 圖章
　공 훈   그림 도

[2] 글을 매우 잘 짓는 사람

① 文章家   ② 圖章房
　　　　　　그림 도   방 방

3 다음 **글 장** 한자를 순서대로 써 보세요.

부수 立 (설립, 5획) 획수 총 11획

1 章 글장	2 章 글장	3 章	4 章	5 章	6 章	7 章
8 章	9 章	10 章	11 章	12 章	13 章	14
15	16	17	18	19	20	21

2주

07회

정답 128쪽

4 다음 문장 중 밑줄 친 한자의 음(音)을 써 보세요.

> 오늘 국어 시간에, 상황에 알맞은 **文章符號**를 쓰는 법을 배웠어.
>
> (   )

5 다음 낱말 중 章 **글 장** 한자가 쓰인 단어는 무엇인지 2개 골라 ○표를 해 보세요.

천하장사	훈장	명문장	장군
힘이 아주 센 사람	나라에 공을 세운 사람에게 내리는 휘장	매우 잘 지은 문장	군을 이끄는 우두머리
( )	( )	( )	( )

끝난 시간 [   ]시 [   ]분 **1회 분 푸는 데 걸린 시간** [   ]분 **5문제 중** [   ]개 3번은 정확히 다 써야 정답입니다. **스스로 붙임딱지**

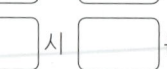 공부한 날 [ ]월 [ ]일

시작 시간 [ ]시 [ ]분

童

 아이

 아이 동

 아이 동

뜻(훈)   아이

소리(음)   동

영어 child 아이

[**아이 동**은 마을 리(里)와 설 립(立)이 합쳐진 글자로, 동네에서 아이들이 노는 모습을 나타낸 한자입니다.]

동이라고 읽으며 아이, 어린 사람 등의 뜻이 있습니다.

예문 5월 5일은 아동들을 위한 날이야.
= 5월 5일은 어린이들을 위한 날이야.

📖 교과어휘

① **동**요(**童** 謠) 어린 아이들의 마음이나 생각을 담아 만든 노래 가을 1-2
아이 동 노래 요

② **동**화(**童** 話) 어린 아이들을 위하여 쓴 이야기 가을 1-2
아이 동 말씀 화

③ **동**시(**童** 詩) 어린 아이가 지은 시. 또는 어린 아이들을 위해 지은 시 국어 3-2(가)
아이 동 시 시

④ 아**동**(兒 **童**) 어린 아이를 이르는 말 국어 5-1(나)
아이 아 아이 동

⑤ 목**동**(牧 **童**) 소나 양 등 가축을 치는 아이
칠 목 아이 동

⑥ **동**심(**童** 心) 어린 아이의 마음 국어 4-2(가)
아이 동 마음 심

⑦ 구연**동**화(口 演 **童** 話) 말로 풀어서 들려주는 동화 사회 3-1
입 구 펼 연 아이 동 말씀 화

---

1 다음 한자의 뜻(훈)과 소리(음)를 써 보세요.

童   뜻(훈): _____   소리(음): _____

2 다음 뜻에 알맞은 단어를 골라 빈칸에 한글로 써 보세요.

[1] 어린 아이의 마음

① 童詩   ② 童心
   시 시

[2] 어린 아이들을 위하여 쓴 이야기

① 兒童   ② 童話
   아이 아

3 다음 **아이 동** 한자를 순서대로 써 보세요.

童 童 童 童 童 童 童 童 童 童 童 童

부수 **立** (설립, 5획) 획수 총 12획

1 童	2 童	3 童	4 童	5 童	6 童	7 童
아이 동	아이 동					
8 童	9 童	10 童	11 童	12 童	13 童	14 童
15	16	17	18	19	20	21

4 다음 문장 중 빈칸에 들어갈 알맞은 단어를 골라 보세요. ·································· [   ]

> 견우와 직녀 이야기에 나오는 견우는 소를 돌보는 (   )이다.

① 목동(**牧童**)　　　　② 동시(**童詩**)　　　　③ 동요(**童謠**)
　　　칠 목　　　　　　　　　시 시　　　　　　　　노래 요

5 다음 낱말 중 **童 아이 동** 한자가 쓰인 단어는 무엇인지 2개 골라 ○표를 해 보세요.

동해	구연동화	동서남북	동요
한반도 동쪽에 있는 우리나라 바다	말로 풀어서 들려주는 동화	동쪽과 서쪽, 남쪽과 북쪽	어린 아이들의 마음이나 생각을 담아 만든 노래
( )	( )	( )	( )

끝난 시간 [　] 시 [　] 분　**1회 분 푸는 데 걸린 시간** [　] 분　 **5문제 중** [　] 개　3번은 정확히 다 써야 정답입니다.　**스스로 붙임딱지**

孫

뜻(훈)　　손자
소리(음)　손
영어　grandchild 손자

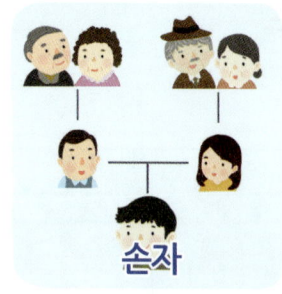
손자

손자 손

손자 손

[**손자 손**은 **자손이 계속 이어지는 모습**을 나타낸 한자입니다.]

손이라고 읽으며 손자, 자손, 자식 등의 뜻이 있습니다.

예문 우리는 단군 할아버지의 **후손**이야.
= 우리는 단군 할아버지의 **먼 자손**이야.

📖 교과어휘

① **손자**(孫 子) 자식의 아들 [국어 3-1(가)]
　　　손자 손 아들 자
② **손녀**(孫 女) 자식의 딸 [사회 3-1]
　　　손자 손 여자 녀
③ **자손**(子 孫) 자식과 자식 밑에서 태어난 자녀들을 이르는 말 [국어 3-1(가)]
　　　아들 자 손자 손
④ **후손**(後 孫) 많은 세대가 지난 뒤의 자손 [사회 3-1]
　　　뒤 후 손자 손
⑤ **증손자**(曾 孫 子) 손자의 자식
　　　일찍 증 손자 손 아들 자
⑥ **대대손손**(代 代 孫 孫) 오래오래 대대로 내려오는 자손
　　　대신할 대 대신할 대 손자 손 손자 손
⑦ **장손**(長 孫) 집안의 맏손자 [국어활동 3-1]
　　　길 장 손자 손

---

1 다음 한자의 뜻(훈)과 소리(음)를 써 보세요.

孫　　　뜻(훈): ＿＿＿＿＿＿＿＿　　　소리(음): ＿＿＿＿＿＿＿＿

2 다음 뜻에 알맞은 단어를 골라 빈칸에 한글로 써 보세요.

[1] 자식의 딸

　①孫女　　②子孫

[2] 많은 세대가 지난 뒤의 자손

　①後孫　　②孫子

3 다음 **손자 손** 한자를 순서대로 써 보세요.

부수 **子** (아들자, 3획) 획수 총 10획

孫	孫	孫	孫	孫	孫	孫
손자 손	손자 손					
孫	孫	孫	孫	孫		

4 다음 문장 중 밑줄 친 부분을 한자어로 써 보세요.

나는 우리 **집안의 맏손자**이다.

집안의 맏손자   =

5 다음 낱말 중 孫 **손자 손** 한자가 쓰인 단어는 무엇인지 2개 골라 ○표를 해 보세요.

손톱	겸손	대대손손	증손자
손가락 끝에 있는 딱딱한 것	공손하게 자신을 낮춤	오래오래 대대로 내려오는 자손	손자의 자식
( )	( )	( )	( )

 끝난 시간 ☐ 시 ☐ 분 **1회 분 푸는 데 걸린 시간** ☐ 분 **5문제 중** ☐ 개   3번은 정확히 다 써야 정답입니다.   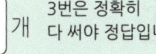 스스로 붙임딱지

堂

집

집 당

집 당

뜻(훈) **집**
소리(음) **당**

영어 **hall** 건물의 큰 공간

[**집 당**은 **흙 위에 지은 집의 모양**을 나타낸 한자입니다.]

당이라고 읽으며 집, 큰 집, 당당하다 등의 뜻이 있습니다.

예문 우리 동네의 **식당**들은 문을 일찍 연다.
= 우리 동네의 **밥집**들은 문을 일찍 연다.

📖 교과어휘

① **식당**(食 堂) 음식을 만들어 파는 가게. 또는 식사를 하는 곳 가을1-2
　　　밥식 집당
② **강당**(講 堂) 강연이나 행사 등을 여는 넓은 공간 사회4-1
　　　외울강 집당
③ **소강당**(小 講 堂) 강연이나 행사 등을 여는 작은 공간 사회4-1
　　　작을소 외울강 집당
④ **당당**(堂 堂) 떳떳한 태도 국어3-2(나)
　　　집당 집당
⑤ **서당**(書 堂) 과거에 아이들에게 한문을 가르치던 곳
　　　글서 집당
⑥ **경로당**(敬 老 堂) 마을 어른들이 함께 모여 놀거나 의논할 수 있도록 마련한 방 가을2-2
　　　공경경 늙을로 집당
⑦ **국회의사당**(國 會 議 事 堂) 국회의 일을 수행하기 위해 국회의원들이 모여 회의하는 곳
　　　나라국 모일회 의논할의 일사 집당

1 다음 한자의 뜻(훈)과 소리(음)를 써 보세요.

堂　　뜻(훈): ＿＿＿＿＿＿＿＿　소리(음): ＿＿＿＿＿＿＿＿

2 다음 뜻에 알맞은 단어를 골라 빈칸에 한글로 써 보세요.

[1] 음식을 만들어 파는 가게. 또는 식사를 하는 곳

①食堂　　②書堂
　　　　　　글 서

[2] 떳떳한 태도

①堂堂　　②講堂
　　　　　　외울 강

3 다음 **집** **당** 한자를 순서대로 써 보세요.

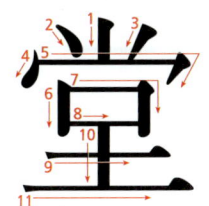

부수 **土** (흙토, 3획) 획수 총 11획

1 堂	2 堂	3 堂	4 堂	5 堂	6 堂	7 堂
집 당	집 당					
8 堂	9 堂	10 堂	11 堂	12 堂	13 堂	14
15	16	17	18	19	20	21

4 다음 문장 중 빈칸에 들어갈 알맞은 단어를 골라 보세요. ···································· [　　　]

> (　　　)은 조선시대의 초등학교 같은 곳이야. 주로 7~16살 정도의 학생들이 다녔고,
> 한문과 역사 등을 가르쳤어.

① 서당(**書堂**)　　　　② 경로당(**敬老堂**)　　　　③ 강당(**講堂**)
　글 서　　　　　　　　　　공경 경　　　　　　　　　　외울 강

5 다음 낱말 중 堂 **집** **당** 한자가 쓰인 단어는 무엇인지 2개 골라 ○표를 해 보세요.

당장	소강당	국회의사당	당첨자
일이 일어난 지금 바로	강연이나 행사 등을 여는 작은 공간	국회의원들이 모여 회의하는 곳	추첨에 뽑힌 사람
(　　　)	(　　　)	(　　　)	(　　　)

끝난 시간 [　]시 [　]분 1회 분 푸는 데 걸린 시간 [　]분　5문제 중 [　]개　3번은 정확히 다 써야 정답입니다.　스스로 붙임딱지

● 다음 한자의 뜻에 알맞은 그림을 골라 보세요.

1 訓 ①  ②

2 章 ①  ②

3 童 ①  ②

4 孫 ①  ②

5 堂 ①  ②

3주차

 주간학습계획표

회차	학습내용		학습계획일
11회	身 몸신		☐ 월 ☐ 일
12회	體 몸체		☐ 월 ☐ 일
13회	頭 머리두		☐ 월 ☐ 일
14회	目 눈목		☐ 월 ☐ 일
15회	者 놈자		☐ 월 ☐ 일

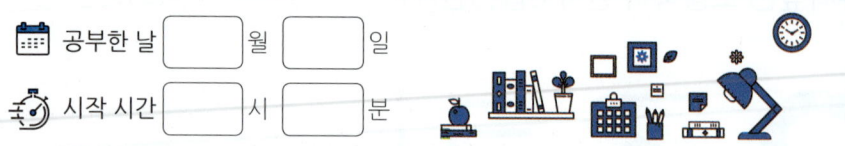

身

몸

몸 신

몸 신

뜻(훈)　몸

소리(음)　신

영어 body 몸

[**몸 신**은 **임신한 사람**을 보고 만들었습니다.]

신이라고 읽으며 몸, 나, 자기 자신 등의 뜻이 있습니다.

예문 내 신체는 소중해.
　　 = 내 몸은 소중해.

 **교과어휘**

① **자신**(自　身) 본인의 몸 국어 1·1(가)
　　스스로 자 몸 신

② **대신**(代　身) 다른 것과 역할이나 책임을 바꾸어 함 국어활동 1·2
　　대신할 대 몸 신

③ **신분**(身　分) 개인의 사회적, 법적 지위 국어 3·2(가)
　　몸 신 나눌 분

④ **신체**(身　體) 사람의 몸 국어 4·2(나)
　　몸 신 몸 체

⑤ **심신**(心　身) 마음과 몸
　　마음 심 몸 신

⑥ **분신술**(分　身　術) 한 몸을 여러 몸으로 보이게 하는 도술
　　나눌 분 몸 신 재주 술

⑦ **출신**(出　身) 직업이나 학교 등 사회적으로 속해있던 관계 사회 4·1
　　날 출 몸 신

---

1 다음 한자의 뜻(훈)과 소리(음)를 써 보세요.

身　　뜻(훈): _____　　소리(음): _____

2 다음 뜻에 알맞은 단어를 골라 빈칸에 한글로 써 보세요.

[1] 마음과 몸

①心身　　②身分

[2] 다른 것과 역할이나 책임을 바꾸어 함

①身體　　②代身
　몸 체

3 다음 **몸 신** 한자를 순서대로 써 보세요.

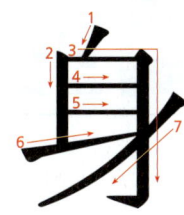

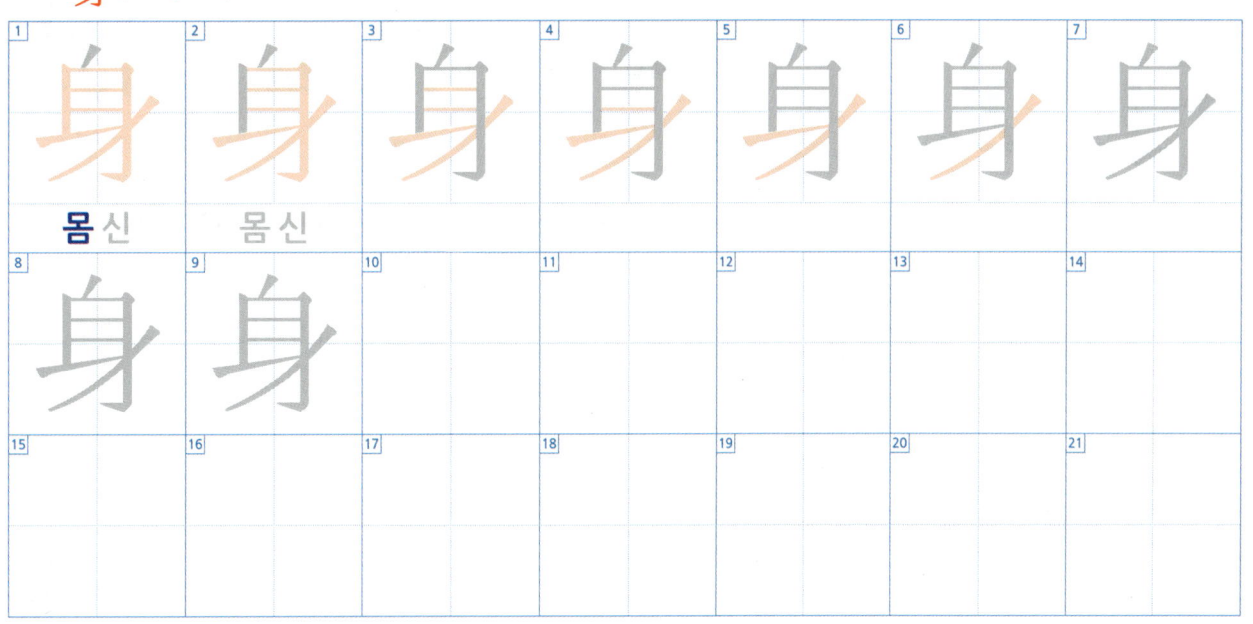

부수 **身** (몸신, 7획) 획수 총 7획

1 身	2 身	3 身	4 身	5 身	6 身	7 身
몸신	**몸**신					
8 身	9 身	10	11	12	13	14
15	16	17	18	19	20	21

4 다음 문장 중 빈칸에 들어갈 알맞은 단어를 골라 보세요. ⸱⸱⸱⸱⸱⸱⸱⸱⸱⸱⸱⸱⸱⸱⸱⸱⸱⸱⸱⸱⸱⸱⸱⸱⸱⸱⸱⸱⸱⸱⸱⸱ [   ]

> 손오공은 (   )(으)로 몸을 여러 개 만들어냈다.

① 자신(自身)　　② 분신술(分身術)　　③ 신체(身體)　　④ 출신(出身)
　　　　　　　　　　　　　　　재주 술　　　　　　　　몸 체

5 다음 낱말 중 身 **몸 신** 한자가 쓰인 단어는 무엇인지 2개 골라 ○표를 해 보세요.

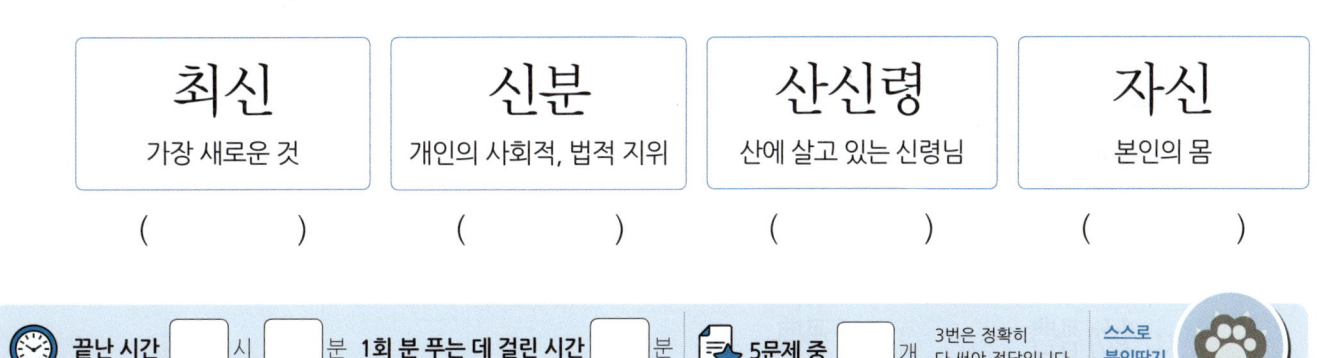

최신	신분	산신령	자신
가장 새로운 것	개인의 사회적, 법적 지위	산에 살고 있는 신령님	본인의 몸
( )	( )	( )	( )

🕐 **끝난 시간** [   ]시 [   ]분 **1회 분 푸는 데 걸린 시간** [   ]분　📋 **5문제 중** [   ]개　3번은 정확히 다 써야 정답입니다.　**스스로 붙임딱지**

體

몸

몸 체

몸 체

뜻(훈)　몸
소리(음)　체

영어 body 몸

[**몸 체**는 뼈 골(骨)과 풍년 풍(豊)이 합쳐진 글자로, 뼈가 많이 모여 이루어진 몸을 나타낸 한자입니다.]

체라고 읽으며 몸, 팔, 다리, 물질 등의 뜻이 있습니다.

예문 생명체를 소중히 여겨야 해.
= 살아있는 모든 것을 소중히 여겨야 해.

📖 **교과어휘**

① **체육**(體 育) 체력 발달과 건강한 생활을 위한 교과목 국어 1-2(나)
　　 몸 체 기를 육
② **체험**(體 驗) 어떤 일을 실제로 경험함 국어활동 1-2
　　 몸 체 시험 험
③ **체조**(體 操) 몸을 움직여 정확하게 동작을 하는 운동 국어 5-1(가)
　　 몸 체 잡을 조
④ **생명체**(生 命 體) 생명이 있는 존재 국어 3-2(가)
　　 날 생 목숨 명 몸 체
⑤ **전체**(全 體) 온몸. 또는 모든 부분 국어 1-2(나)
　　 온전 전 몸 체
⑥ **단체**(團 體) 같은 목적을 위해 모인 사람들 국어활동 4-1
　　 둥글 단 몸 체
⑦ **정체**(正 體) 사람이나 사물의 본래 모습 국어활동 3-2
　　 바를 정 몸 체
⑧ **물체**(物 體) 어떠한 형태가 있는 물건 국어 2-2(가)
　　 물건 물 몸 체

---

1 다음 한자의 뜻(훈)과 소리(음)를 써 보세요.

體　　뜻(훈): ＿＿＿＿＿＿＿　　소리(음): ＿＿＿＿＿＿＿

2 다음 뜻에 알맞은 단어를 골라 빈칸에 한글로 써 보세요.

[1] 온몸. 또는 모든 부분

①體育　　②全體

[2] 사람이나 사물의 본래 모습

①物體　　②正體

3 다음 **몸 체** 한자를 순서대로 써 보세요.

體 體 體 體 體 體 體 體 體 體 體 體
體 體 體 體 體 體 體 體 體 體 體

부수 骨 (뼈골, 10획) 획수 총 23획

1	2	3	4	5	6	7
體	體	體	體	體	體	體
몸체	몸 체					

8	9	10	11	12	13	14
體	體	體	體	體	體	體

15	16	17	18	19	20	21
體	體	體	體	體	體	體

22	23	24	25	26	27	28
體	體	體	體			

4 다음 문장 중 빈칸에 들어갈 알맞은 단어를 골라 보세요. ·· [   ]

> 줄다리기는 우리 반 친구들과 (   )로 참여하는 경기야.

① 물체(物體)   ② 정체(正體)   ③ 체조(體操)   ④ 단체(團體)
                                        잡을 조   둥글 단

5 다음 낱말 중 體 **몸 체** 한자가 쓰인 단어는 무엇인지 3개 골라 ○표를 해 보세요.

체험	체육	생명체	체포
어떤 일을 실제로 경험함	체력 발달을 위한 교과목	생명이 있는 존재	경찰이 범죄자를 잡는 것
( )	( )	( )	( )

끝난 시간 [ ]시 [ ]분 **1회 분 푸는 데 걸린 시간** [ ]분   **5문제 중** [ ]개 3번은 정확히 다 써야 정답입니다.   스스로 붙임딱지

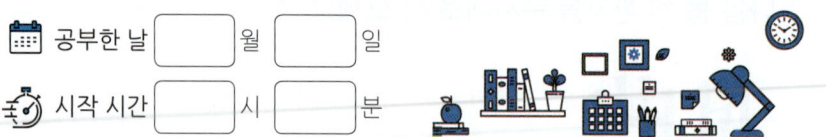
頭

머리

머리 두

머리 두

뜻(훈)   머리

소리(음)   두

영어 head 머리

[머리 두는 사람 머리의 모양을 나타낸 한자입니다.]

두라고 읽으며 머리, 처음, 우두머리 등의 뜻이 있습니다.

예문 칭찬 스티커 9개를 받아서 내가 선두를 달리고 있다.

= 칭찬 스티커 9개를 받아서 내가 앞서고 있다.

📖 교과어휘

① 만두(饅 頭) 얇은 밀가루 반죽 안에 고기나 야채 등을 넣고 만든 음식   국어활동 1-1
   만두 만 머리 두

② 백두산(白 頭 山) 한반도에서 제일 높은 산
   흰 백 머리 두 메 산

③ 두건(頭 巾) 머리에 두르는 헝겊이나 수건 종류
   머리 두 수건 건

④ 두뇌(頭 腦) 생각과 신경을 담당하는 몸의 부분
   머리 두 골 뇌

⑤ 화두(話 頭) 이야기의 방향이 되는 것
   말씀 화 머리 두

⑥ 선두(先 頭) 제일 앞
   먼저 선 머리 두

⑦ 몰두(沒 頭) 어떤 일에 모든 정신을 집중함   국어 3-1(나)
   빠질 몰 머리 두

---

1 다음 한자의 뜻(훈)과 소리(음)를 써 보세요.

頭   뜻(훈): _____   소리(음): _____

2 다음 뜻에 알맞은 단어를 골라 빈칸에 한글로 써 보세요.

[1] 제일 앞

① 沒頭   ② 先頭
빠질 몰

[2] 머리에 두르는 헝겊이나 수건 종류

① 話頭   ② 頭巾
                   수건 건

3 다음 **머리 두** 한자를 순서대로 써 보세요.

부수 **頁** (머리혈, 9획) 획수 총 16획

1 頭	2 頭	3 頭	4 頭	5 頭	6 頭	7 頭
머리 두	머리 두					
8 頭	9 頭	10 頭	11 頭	12 頭	13 頭	14 頭
15 頭	16 頭	17 頭	18 頭	19	20	21

3
주

13
회

정답
129쪽

4 다음 문장 중 밑줄 친 한자의 음(音)을 써 보세요.

> 서연이는 **饅頭** 먹는 것을 좋아해.
>
> (   )

5 다음 낱말 중 頭 **머리 두** 한자가 쓰인 단어는 무엇인지 2개 골라 ○표를 해 보세요.

두유	백두산	두뇌	두부
콩으로 만든 걸쭉한 액체	한반도에서 제일 높은 산	생각과 신경을 담당하는 몸의 부분	콩을 이용하여 각진 모양으로 만든 음식
( )	( )	( )	( )

🕐 **끝난 시간** [ ]시 [ ]분 **1회 분 푸는 데 걸린 시간** [ ]분   📋 **5문제 중** [ ]개 3번은 정확히 다 써야 정답입니다. **스스로 붙임딱지**

공부한 날 [   ]월 [   ]일
시작 시간 [   ]시 [   ]분

目

뜻(훈)   눈
소리(음) 목
영어 eye 눈

눈

눈 목

눈 목

[눈 목은 **사람의 눈 모양**을 보고 만들었습니다.]

목이라고 읽으며 눈, 보다 등의 뜻이 있습니다.

예문 내 목표는 한자 6급 자격증을 따는 거야.
= 내가 달성하려는 것은 한자 6급 자격증을 따는 거야.

📖 **교과어휘**

① **제목**(題 目) 작품이나 글의 내용을 대표하기 위한 이름 국어 3-2(가)
   제목 제 눈목

② **목표**(目 標) 이루거나 도달하고자 하는 것 국어 1-1(가)
   눈목 표할표

③ **과목**(科 目) 지식을 여러 갈래로 나눈 공부 영역 국어 3-1(가)
   과목 과 눈목

④ **목록**(目 錄) 내용이나 이름을 한눈에 볼 수 있게 적은 것 가을 1-2
   눈목 기록할록

⑤ **이목구비**(耳 目 口 鼻) 귀, 눈, 입, 코를 합쳐 부르는 말. 또는 얼굴 생김새
   귀이 눈목 입구 코비

⑥ **목적**(目 的) 이루어내려는 일이나 방향 국어 3-1(가)
   눈목 과녁 적

⑦ **목적지**(目 的 地) 목표로 삼은 곳 가을 1-2
   눈목 과녁적 땅지

⑧ **목격자**(目 擊 者) 어떤 일을 실제로 그 자리에서 본 사람
   눈목 칠격 놈자

1 다음 한자의 뜻(훈)과 소리(음)를 써 보세요.

目   뜻(훈): _____   소리(음): _____

2 다음 뜻에 알맞은 단어를 골라 빈칸에 한글로 써 보세요.

[1] 지식을 여러 갈래로 나눈 공부 영역

① 科目   ② 目的
  과목 과   과녁 적

[2] 목표로 삼은 곳

① 目擊者   ② 目的地
  칠격 놈자   과녁 적

3 다음 **눈 목** 한자를 순서대로 써 보세요.

부수 目 (눈목, 5획) 획수 총 5획

1 目	2 目	3 目	4 目	5 目	6 目	7 目
눈 목	눈 목					
8	9	10	11	12	13	14
15	16	17	18	19	20	21

4 다음 문장 중 빈칸에 들어갈 알맞은 단어를 골라 보세요. ……………………………… [   ]

> 사람들의 (   )은/는 다 다르게 생겼어.

① 이목구비(耳 目 口 鼻)   ② 목록(目 錄)   ③ 목적(目 的)   ④ 목표(目 標)
　　　　 귀이　 　 코비　　　 　 　 기록할록　　　 　 과녁적　　　 　 표할표

5 다음 낱말 중 目 **눈 목** 한자가 쓰인 단어는 무엇인지 2개 골라 ○표를 해 보세요.

제목	목련	식목일	목격자
작품이나 글의 내용을 대표하기 위한 이름	봄에 하얗고 큰 꽃을 피우는 나무	나무를 많이 심고 가꾸도록 나라에서 정한 날	어떤 일을 실제로 그 자리에서 본 사람
( )	( )	( )	( )

者

놈

놈 자

놈 자

뜻(훈) 놈

소리(음) 자

영어 person 사람

[**놈 자**는 **어른이 아랫사람에게 낮추어 말하는 것**을 나타낸 한자입니다.]

자라고 읽으며 놈, 사람 등의 뜻이 있습니다.

예문 저금을 많이 해서 **부자**가 될 테야.
= 저금을 많이 해서 **돈이 많은 사람**이 될 테야.

📖 **교과어휘**

① **부자**(富 者) 살림이 넉넉하고 돈이 많은 사람 국어 1-2(가)
　　　부유할 부 놈 자

② **기자**(記 者) 신문, 잡지 등에 글을 써내는 사람 가을 2-2
　　　기록할 기 놈 자

③ **독자**(讀 者) 책, 신문 등 출판물을 읽는 사람
　　　읽을 독 놈 자

④ **과학자**(科 學 者) 과학을 전문적으로 연구하는 사람 가을 2-2
　　　　과목 과 배울 학 놈 자

⑤ **지휘자**(指 揮 者) 음악의 연주가 잘 되도록 앞에서 이끄는 사람 국어 5-1(나)
　　　　가리킬 지 휘두를 휘 놈 자

⑥ **연기자**(演 技 者) 영화나 드라마, 연극 등에서 연기를 하는 사람
　　　　펼 연 재주 기 놈 자

⑦ **대표자**(代 表 者) 여러 사람이나 단체를 대표하는 사람 사회 4-1
　　　　대신할 대 겉 표 놈 자

⑧ **지도자**(指 導 者) 어떤 집단에 앞장서서 방향을 이끄는 사람 국어 6-1(나)
　　　　가리킬 지 인도할 도 놈 자

---

1 다음 한자의 뜻(훈)과 소리(음)를 써 보세요.

者　　뜻(훈): ＿＿＿＿＿＿＿　　소리(음): ＿＿＿＿＿＿＿

2 다음 뜻에 알맞은 단어를 골라 빈칸에 한글로 써 보세요.

[1] 신문, 잡지 등에 글을 써내는 사람

① 記者　　② 讀者
　　　　　　읽을 독

[2] 과학을 전문적으로 연구하는 사람

① 科學者　　② 演技者
　과목 과　　　펼 연 재주 기

3 다음 **놈** **자** 한자를 순서대로 써 보세요.

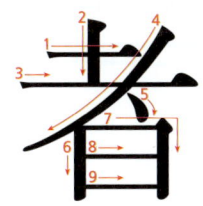

者 者 者 者 者 者 者 者 者

부수 耂(늙을로엄, 4획) 획수 총 9획

1 者	2 者	3 者	4 者	5 者	6 者	7 者
놈자	놈자					
8 者	9 者	10 者	11 者	12	13	14
15	16	17	18	19	20	21

4 다음 문장 중 빈칸에 들어갈 알맞은 단어를 골라 보세요. ⋯⋯⋯⋯⋯⋯⋯⋯⋯⋯⋯⋯⋯ [   ]

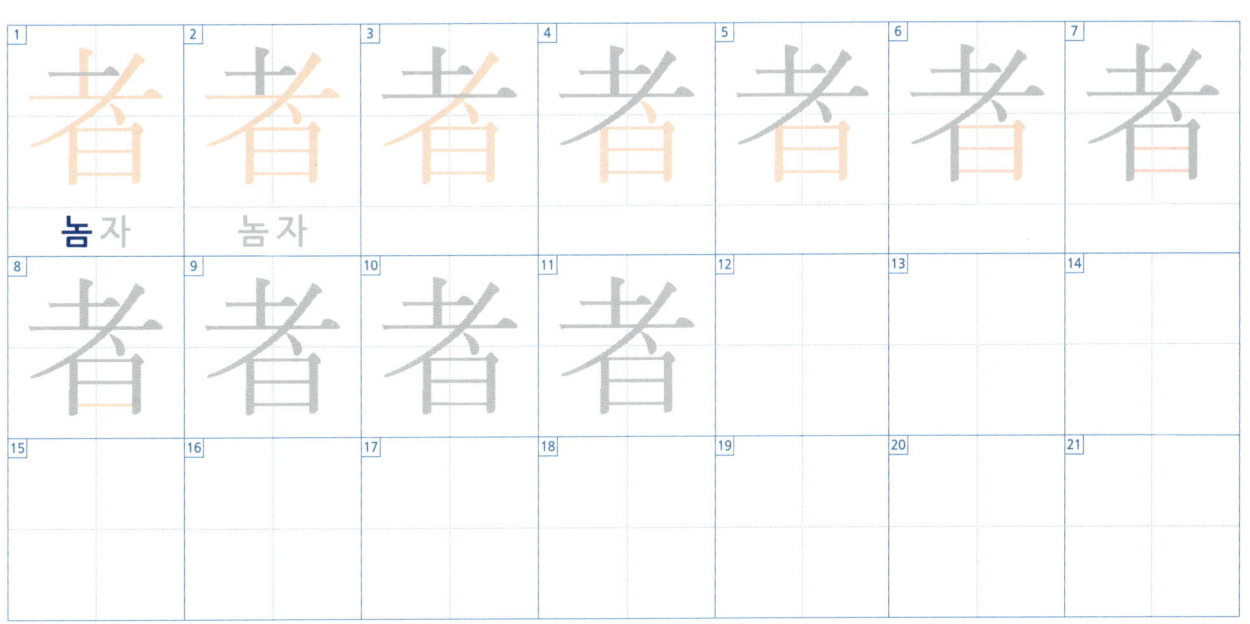

착한 혹부리 영감이 노래를 부르며 집에 가던 어느 날, 도깨비들이 나타나 노래가 어디서 나오는지 물었습니다. 착한 영감이 혹에서 나온다 하자, 도깨비들은 보물을 주고 혹을 떼어 갔습니다. 착한 영감처럼 (   )가 되고 싶었던 나쁜 혹부리 영감은 바로 달려가 노래를 했지만, 도깨비들은 "거짓말쟁이! 혹에서 노래가 나오지 않잖아!"하며 영감에게 혹을 붙여, 혹이 두 개가 되었습니다. 나쁜 혹부리 영감은 "혹 떼려다 혹 붙었네."하며 울었습니다.

① 대표자(代表者)
겉 표

② 부자(富者)
부유할 부

③ 지휘자(指揮者)
가리킬 지 휘두를 휘

5 다음 낱말 중 **者** **놈** **자** 한자가 쓰인 단어는 무엇인지 2개 골라 ○표를 해 보세요.

독자	자식	손자	지도자
책, 신문 등 출판물을 읽는 사람	아들과 딸	자식의 아들	집단에 앞장서서 방향을 이끄는 사람
( )	( )	( )	( )

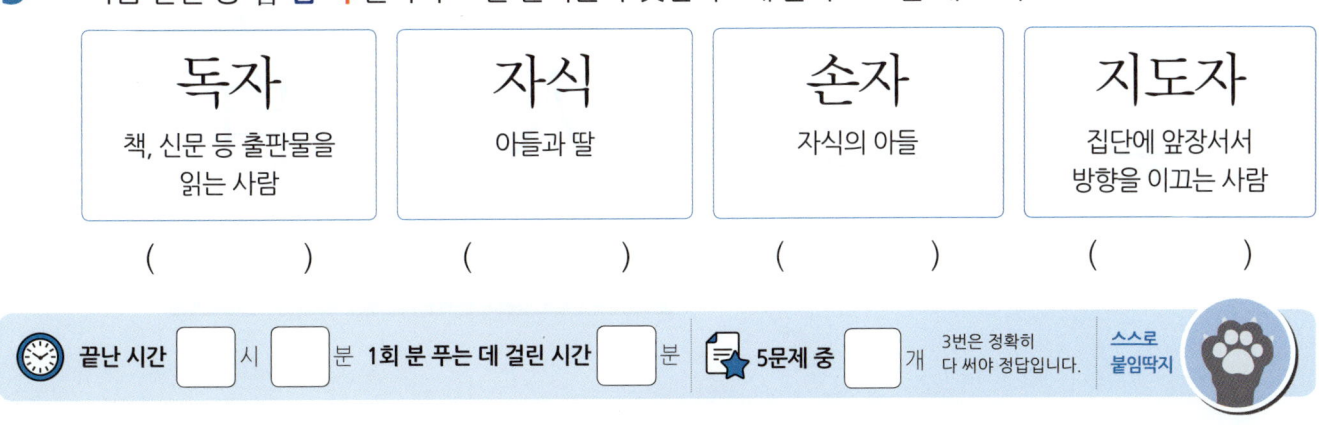

끝난 시간 ☐시 ☐분 **1회 분 푸는 데 걸린 시간** ☐분 **5문제 중** ☐개 3번은 정확히 다 써야 정답입니다. 스스로 붙임딱지

● 다음 설명에 맞는 한자에 동그라미 쳐보세요.

 一 과 음(音)이 같은 한자

1 體 와 뜻이 같은 한자

2 目 과 음(音)이 같은 한자

3 者 와 음(音)이 같은 한자

4주차

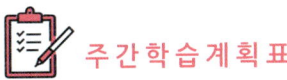 주간학습계획표

회차	학습내용		학습계획일
16회	根 **뿌리 근**		☐ 월 ☐ 일
17회	本 **근본 본**		☐ 월 ☐ 일
18회	等 **무리 등**		☐ 월 ☐ 일
19회	級 **등급 급**		☐ 월 ☐ 일
20회	區 **구분할 구**		☐ 월 ☐ 일

根

뿌리

뿌리 근

根
뿌리 근

뜻(훈)　　뿌리
소리(음)　근
영어　root 뿌리

[**뿌리 근**은 **나무 뿌리를 바라보는 모습**을 나타낸 한자입니다.]

근이라고 읽으며 뿌리, 근본 등의 뜻이 있습니다.

예문 주장을 할 때는 그렇게 생각한 근거를 들어야 한다고 배웠어.
＝ 주장을 할 때는 그렇게 생각한 까닭을 들어야 한다고 배웠어.

📖 교과어휘

① **근거**(根 據) 생각이나 의견의 바탕 또는 까닭 [국어 4-1(가)]
　　뿌리 근 근거 거
② **연근**(蓮 根) 구멍이 여러 개 뚫린 연꽃의 뿌리줄기
　　연꽃 연 뿌리 근
③ **근원**(根 源) 사물이나 현상이 생겨나는 바탕
　　뿌리 근 근원 원
④ **근절**(根 絕) 어떤 일이 다시는 발생할 수 없도록 뿌리를 끊어버림
　　뿌리 근 끊을 절
⑤ **근성**(根 性) 끝까지 해내는 성질. 또는 뿌리가 깊이 박혀 고치기 어려운 성질 [국어 6-1(나)]
　　뿌리 근 성품 성
⑥ **근본**(根 本) 사람이나 사물이 이루어지는 근원 [국어 4-1(나)]
　　뿌리 근 근본 본
⑦ **사실무근**(事 實 無 根) 일이 근거가 없거나 실제와 다름
　　일 사 열매 실 없을 무 뿌리 근

---

1 다음 한자의 뜻(훈)과 소리(음)를 써 보세요.

根　　뜻(훈): ＿＿＿＿＿＿＿＿　　소리(음): ＿＿＿＿＿＿＿＿

2 다음 뜻에 알맞은 단어를 골라 빈칸에 한글로 써 보세요.

[1] 끝까지 해내는 성질

① 根源　　② 根性
　근원 원　　성품 성

[2] 사람이나 사물이 이루어지는 근원

① 根絕　　② 根本
　끊을 절　　근본 본

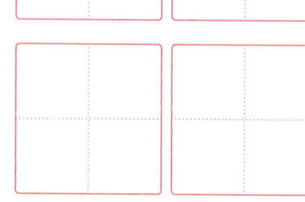

3 다음 **뿌리 근** 한자를 순서대로 써 보세요.

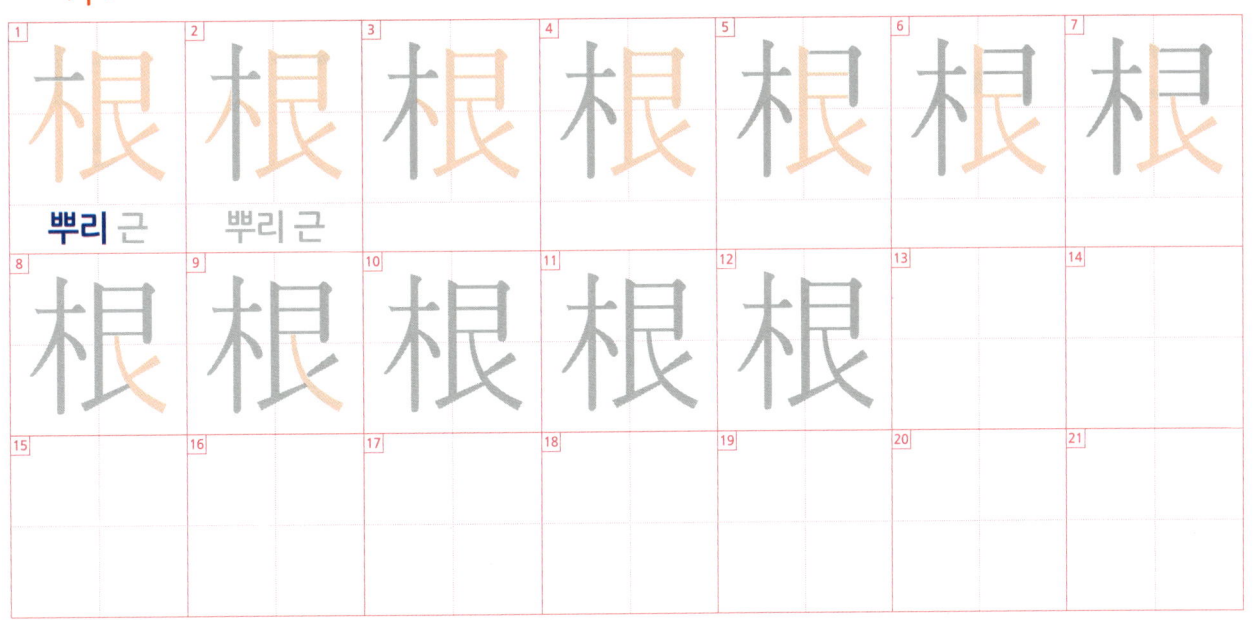

부수 **木** (나무목, 4획) 획수 총 10획

1	2	3	4	5	6	7
根	根	根	根	根	根	根
뿌리 근	뿌리 근					

8	9	10	11	12	13	14
根	根	根	根	根		

15	16	17	18	19	20	21

4
주

16
회
정답
130쪽

4 다음 문장 중 밑줄 친 글자에 알맞은 한자를 보기에서 찾아 써 보세요.

보기
木 禾 根 琅 地 址

나무의 뿌리는 땅 속 깊은 곳까지 뻗어있다.

① [   ]   ② [   ]   ③ [   ]

5 다음 낱말 중 根 **뿌리 근** 한자가 쓰인 단어는 무엇인지 3개 골라 ○표를 해 보세요.

근거	사실무근	근소	연근
생각이나 의견의 바탕 또는 까닭	일이 근거가 없거나 실제와 다름	매우 작음	구멍이 여러 개 뚫린 연꽃의 뿌리줄기
( )	( )	( )	( )

끝난 시간 [ ]시 [ ]분 **1회 분 푸는 데 걸린 시간** [ ]분 **5문제 중** [ ]개 3번은 정확히 다 써야 정답입니다. **스스로 붙임딱지**

本

근본

근본 본

근본 본

뜻(훈)   근본
소리(음) 본
영어 basis 근본

[근본 본은 나무의 뿌리 모양을 나타낸 한자입니다.]

본이라고 읽으며 근본, 뿌리 등의 뜻이 있습니다.

예문 신데렐라는 12시가 지나 본래의 모습으로 돌아왔어.
= 신데렐라는 12시가 지나 변하기 전 처음 모습으로 돌아왔어.

📖 교과어휘

① **기본**(基 本) 어떤 것을 이루기 위한 바탕 국어 1-1(가)
터 기 근본 본

② **대본**(臺 本) 연극이나 드라마 등의 기본이 되는 글 가을 2-2
대 대 근본 본

③ **본인**(本 人) 자기 자신. 또는 해당하는 그 사람
근본 본 사람 인

④ **본래**(本 來) 어떤 것의 변하기 전 처음 사회 3-1
근본 본 올 래

⑤ **본명**(本 名) 본래 가지고 있는 이름. 또는 바꾸기 전의 이름 국어활동 4-2
근본 본 이름 명

⑥ **본심**(本 心) 거짓 없는 진짜 마음
근본 본 마음 심

⑦ **본격적**(本 格 的) 일의 진행이 매우 활발하고 적극적임 국어활동 3-2
근본 본 격식 격 과녁 적

⑧ **근본**(根 本) 사람이나 사물이 이루어지는 근원 국어 4-1(나)
뿌리 근 근본 본

---

1 다음 한자의 뜻(훈)과 소리(음)를 써 보세요.

本   뜻(훈): _____   소리(음): _____

2 다음 뜻에 알맞은 단어를 골라 빈칸에 한글로 써 보세요.

[1] 자기 자신. 또는 해당하는 그 사람

① 本人   ② 根本

[2] 어떤 것의 변하기 전 처음

① 本來   ② 臺本
         대 대

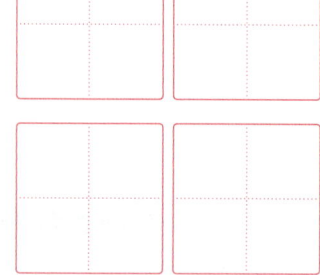

3 다음 **근본 본** 한자를 순서대로 써 보세요.

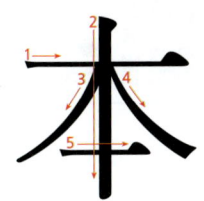

本 木 木 木 本

부수 **木** (나무목, 4획) 획수 총 5획

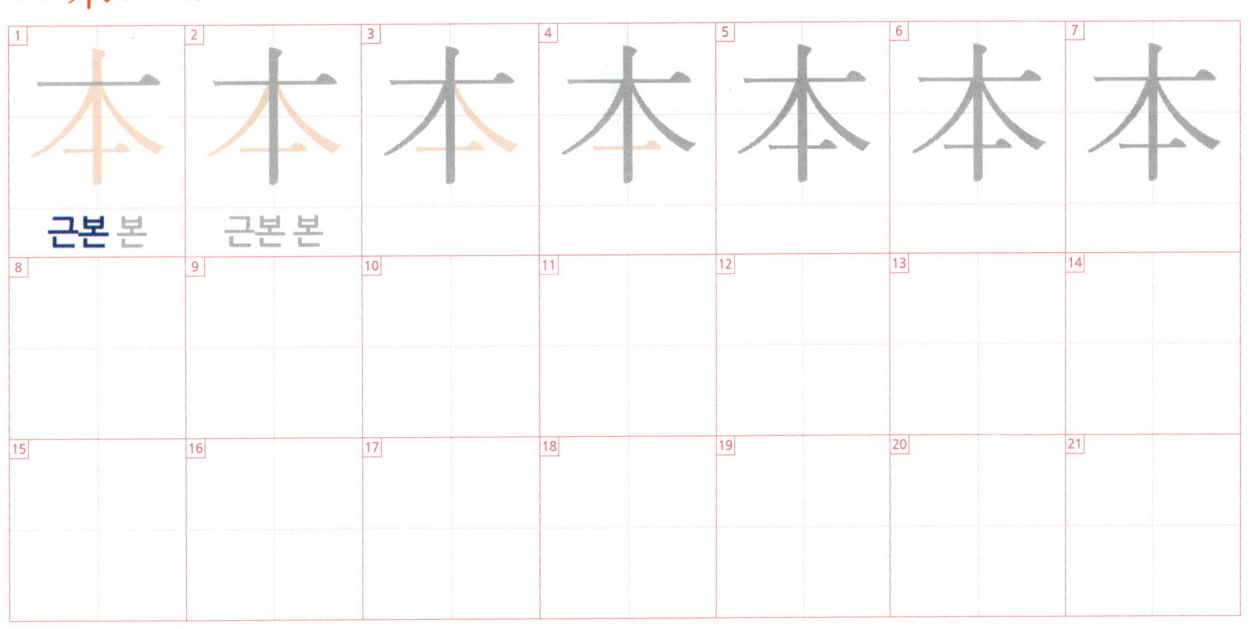

1 本	2 本	3 本	4 本	5 本	6 本	7 本
근본 본	근본 본					
8	9	10	11	12	13	14
15	16	17	18	19	20	21

4
주

17
회

정답
130쪽

4 다음 문장 중 밑줄 친 부분을 한자어로 써 보세요.

덧셈과 뺄셈은 수학을 **이루기 위한 바탕**이다.

이루기 위한 바탕 =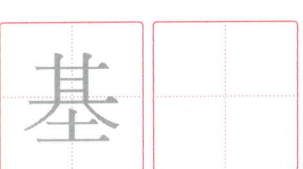

5 다음 낱말 중 本 **근본 본** 한자가 쓰인 단어는 무엇인지 3개 골라 ○표를 해 보세요.

본명	본격적	본드	본심
본래 가지고 있던 이름	일의 진행이 매우 활발함	물건을 붙일 때 쓰는 물질	거짓 없는 진짜 마음
( )	( )	( )	( )

끝난 시간 ☐시 ☐분 1회 분 푸는 데 걸린 시간 ☐분 5문제 중 ☐개 3번은 정확히 다 써야 정답입니다. 스스로 붙임딱지

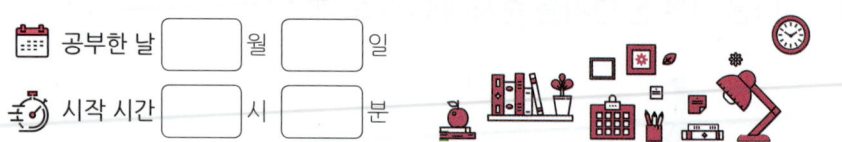

等

뜻(훈) **무리**
소리(음) **등**

영어 **grade 등급**

무리

무리 등

무리 등

[**무리 등**은 대 죽(竹)과 절 사(寺)가 합쳐진 글자로, 관청에서 죽간을 가지런히 정리해 놓은 **모습**을 나타낸 한자입니다.]   * 죽간 : 종이가 없던 시절에 글을 쓰기 위해 대나무를 잘라 만든 것

등이라고 읽으며 등급, 단계, 같다 등의 뜻이 있습니다.

예문 모든 사람은 법 앞에 평등하다.
= 모든 사람은 법 앞에 똑같다.

📖 **교과어휘**

① **등수**(等 數) 등급에 따라 매긴 번호나 차례 국어 4-2(나)
　　무리 등 셈 수

② **초등학교**(初 等 學 校) 공부할 나이가 된 아동에게 여러 기본 교육을 하는 의무 교육 기관 겨울 1-2
　　처음 초 무리 등 배울 학 학교 교

③ **고등학교**(高 等 學 校) 중학교를 마친 사람에게 고등 교육을 가르치는 학교 사회 4-1
　　높을 고 무리 등 배울 학 학교 교

④ **등급**(等 級) 높고 낮거나 좋고 나쁨을 여러 단계로 구분한 것 국어 4-1(가)
　　무리 등 등급 급

⑤ **우등생**(優 等 生) 성적이 우수한 학생
　　넉넉할 우 무리 등 날 생

⑥ **평등**(平 等) 차별이나 치우침 없이 고름 국어 4-1(가)
　　평평할 평 무리 등

⑦ **등분**(等 分) 어떤 것을 똑같이 몇 개로 나눔 사회 4-1
　　무리 등 나눌 분

---

1 다음 한자의 뜻(훈)과 소리(음)를 써 보세요.

等　　뜻(훈): ＿＿＿＿＿＿＿＿＿　　소리(음): ＿＿＿＿＿＿＿＿＿

---

2 다음 뜻에 알맞은 단어를 골라 빈칸에 한글로 써 보세요.

[1] 등급에 따라 매긴 번호나 차례

①等數　　②平等

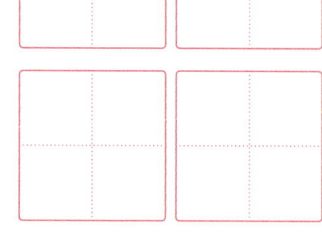

[2] 어떤 것을 똑같이 몇 개로 나눔

①等級　　②等分
　등급 급

3 다음 **무리** **등** 한자를 순서대로 써 보세요.

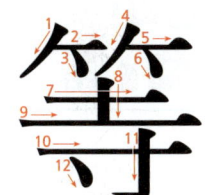

等 等 等 等 等 等 等 等 等
等 等 等

부수 竹 (대죽, 6획) 획수 총 12획

무리 등   무리등

4 다음 문장 중 빈칸에 들어갈 알맞은 단어를 골라 보세요. ························· [   ]

> 나는 (   ) 입학 선물로 필통을 받았어.

① 평등(平等)   ② 초등학교(初等學校)   ③ 우등생(優等生)
                              처음 초   넉넉할 우

5 다음 낱말 중 等 **무리** **등** 한자가 쓰인 단어는 무엇인지 2개 골라 ○표를 해 보세요.

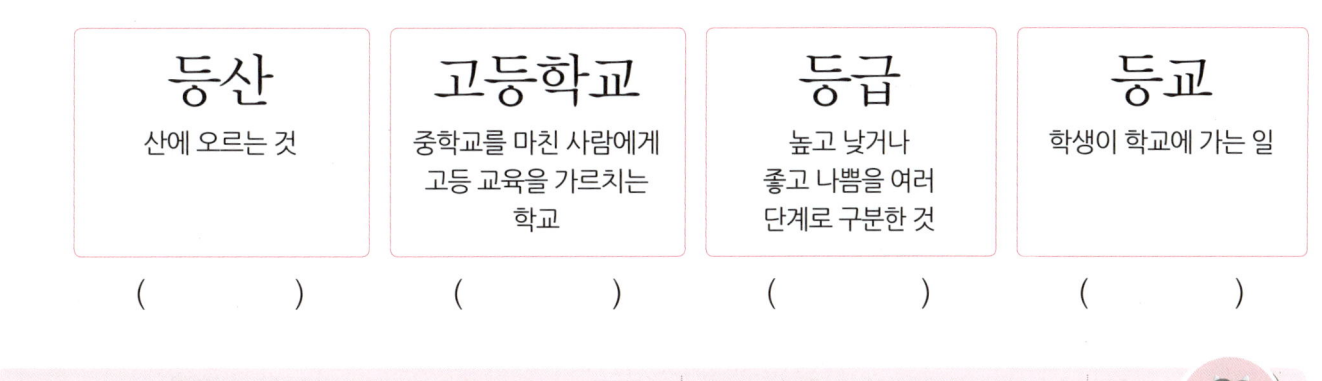

등산	고등학교	등급	등교
산에 오르는 것	중학교를 마친 사람에게 고등 교육을 가르치는 학교	높고 낮거나 좋고 나쁨을 여러 단계로 구분한 것	학생이 학교에 가는 일
( )	( )	( )	( )

끝난 시간 [   ]시 [   ]분 **1회 분 푸는 데 걸린 시간** [   ]분   **5문제 중** [   ]개   3번은 정확히 다 써야 정답입니다.   스스로 붙임딱지

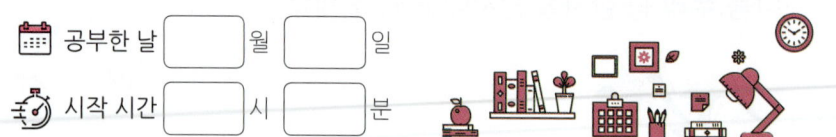
級

뜻(훈)   등급
소리(음)   급
영어   rank 등급

등급

등급 **급**

등급 **급**

[**등급 급**은 **실타래가 차례로 이어진 모양**을 나타낸 한자입니다.]

급이라고 읽으며 등급, 차례 등의 뜻이 있습니다.

예문 나는 한자 중급반이야.
     = 나는 한자 중간 단계 반이야.

📖 **교과어휘**

① **초급**(初 級) 첫 번째 단계. 또는 기초 단계 `국어 4-2(가)`
   처음 초 등급 급
② **중급**(中 級) 중간 등급 `국어 4-2(가)`
   가운데 중 등급 급
③ **등급**(等 級) 높고 낮거나 좋고 나쁨을 여러 단계로 구분한 것 `국어 4-1(가)`
   무리 등 등급 급
④ **최고급**(最 高 級) 품질이나 수준이 가장 높은 등급의 것
   가장 최 높을 고 등급 급
⑤ **급수**(級 數) 능력이나 기술에 기준을 두어 나눈 등급 `국어 5-1(나)`
   등급 급 셈 수
⑥ **진급**(進 級) 등급이 올라감
   나아갈 진 등급 급
⑦ **학급**(學 級) 한 교실 안의 학생 집단 `겨울 1-2`
   배울 학 등급 급
⑧ **급훈**(級 訓) 학급의 교훈
   등급 급 가르칠 훈

---

1   다음 한자의 뜻(훈)과 소리(음)를 써 보세요.

級   뜻(훈): _____   소리(음): _____

2   다음 뜻에 알맞은 단어를 골라 빈칸에 한글로 써 보세요.

[1] 한 교실 안의 학생 집단

①學級   ②進級
          나아갈 진

[2] 능력이나 기술에 기준을 두어 나눈 등급

①級數   ②初級
          처음 초

3 다음 **등급 급** 한자를 순서대로 써 보세요.

부수 糸 (실사변, 6획) 획수 총 10획

1	2	3	4	5	6	7
級 등급급	級 등급급	級	級	級	級	級

8	9	10	11	12	13	14
級	級	級	級			

15	16	17	18	19	20	21

4주
19회
정답 130쪽

4 다음 문장 중 빈칸에 들어갈 알맞은 단어를 골라 보세요. ·· [   ]

> 우리 반의 (   )은 '사이좋게 지내자.'야.

① 중급(中級)　　② 최고급(最高級)　　③ 등급(等級)　　④ 급훈(級訓)

가장 최

5 다음 낱말 중 級 **등급 급** 한자가 쓰인 단어는 무엇인지 2개 골라 ○표를 해 보세요.

급상승	초급	다급	진급
갑자기 오름	첫 번째 단계. 또는 기초 단계	일이 코앞에 닥쳐서 매우 급함	등급이 올라감
( )	( )	( )	( )

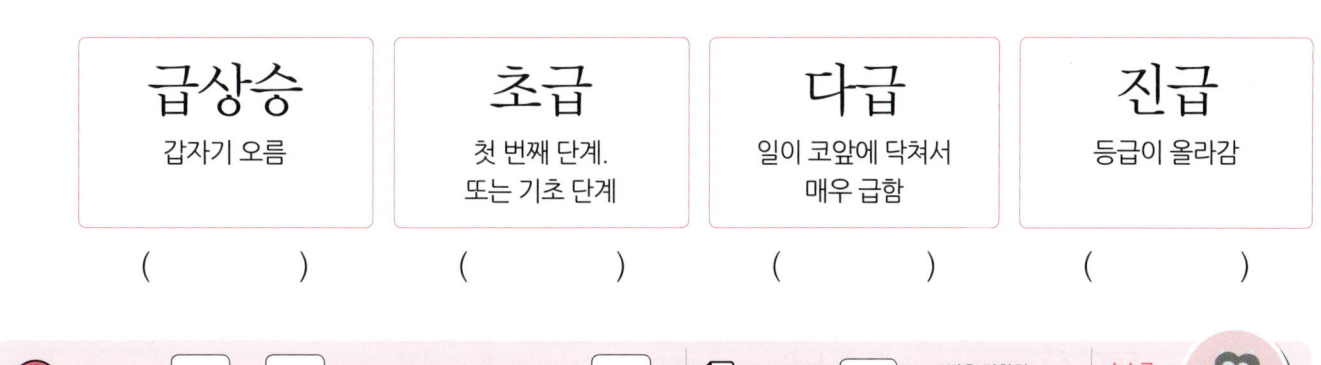

끝난 시간 [　]시 [　]분　**1회 분 푸는 데 걸린 시간** [　]분　📋 **5문제 중** [　]개　3번은 정확히 다 써야 정답입니다.　스스로 붙임딱지

區

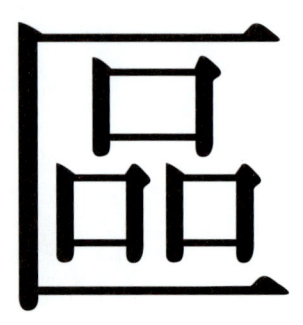
구분하다

구분할 구

구분할 구

뜻(훈)　　**구분할**
소리(음)　**구**

영어　**divide 구분하다**

[**구분할 구**는 **물건을 구분하여 정리한 모습**을 나타낸 한자입니다.]

구라고 읽으며 구분하다, 구역, 나누다 등의 뜻이 있습니다.

예문 편을 구분해서 놀이를 했어.
　 = 편을 나눠서 놀이를 했어.

📖 교과어휘

① **구분**(區 分) 기준에 따라 전체를 몇 가지로 나눔 [가을 1-2]
　　구분할 구 나눌 분
② **구별**(區 別) 여러 대상을 기준에 따라 나눔 [국어 2-1(가)]
　　구분할 구 다를 별
③ **시군구**(市 郡 區) 행정구역인 시, 군, 구
　　저자 시 고을 군 구분할 구
④ **구역**(區 域) 구분지어 놓은 경계 안의 지역 [국어활동 1-2]
　　구분할 구 지경 역
⑤ **보호구역**(保 護 區 域) 잘 지키기 위해 경계를 정해 놓은 지역
　　지킬 보 도울 호 구분할 구 지경 역
⑥ **구청**(區 廳) 구의 일을 맡아하는 관청 [사회 3-1]
　　구분할 구 관청 청
⑦ **구민**(區 民) 행정구역인 구에 사는 사람
　　구분할 구 백성 민
⑧ **행정구역**(行 政 區 域) 행정기관이 관리하는 일정한 범위 안의 구역 [사회 3-1]
　　다닐 행 정사 정 구분할 구 지경 역

1 다음 한자의 뜻(훈)과 소리(음)를 써 보세요.

區　　뜻(훈): _____　　소리(음): _____

2 다음 뜻에 알맞은 단어를 골라 빈칸에 한글로 써 보세요.

[1] 행정구역인 구에 사는 사람

①區民　　②區廳
　　　　　　관청 청

[2] 기준에 따라 전체를 몇 가지로 나눔

①區分　　②區域
　　　　　　지경 역

3 다음 **구분할 구** 한자를 순서대로 써 보세요.

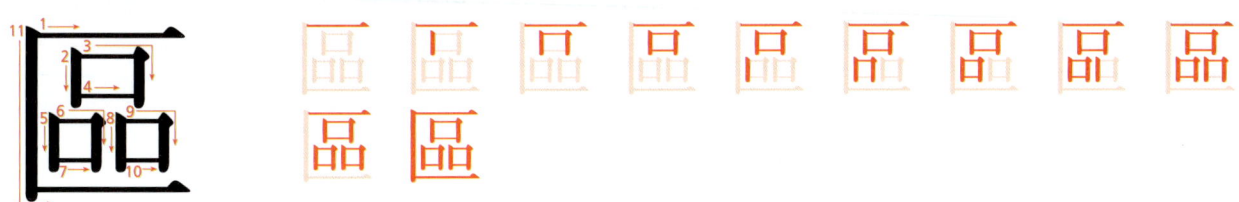

부수 ⼖ (감출혜몸, 2획) 획수 총 11획

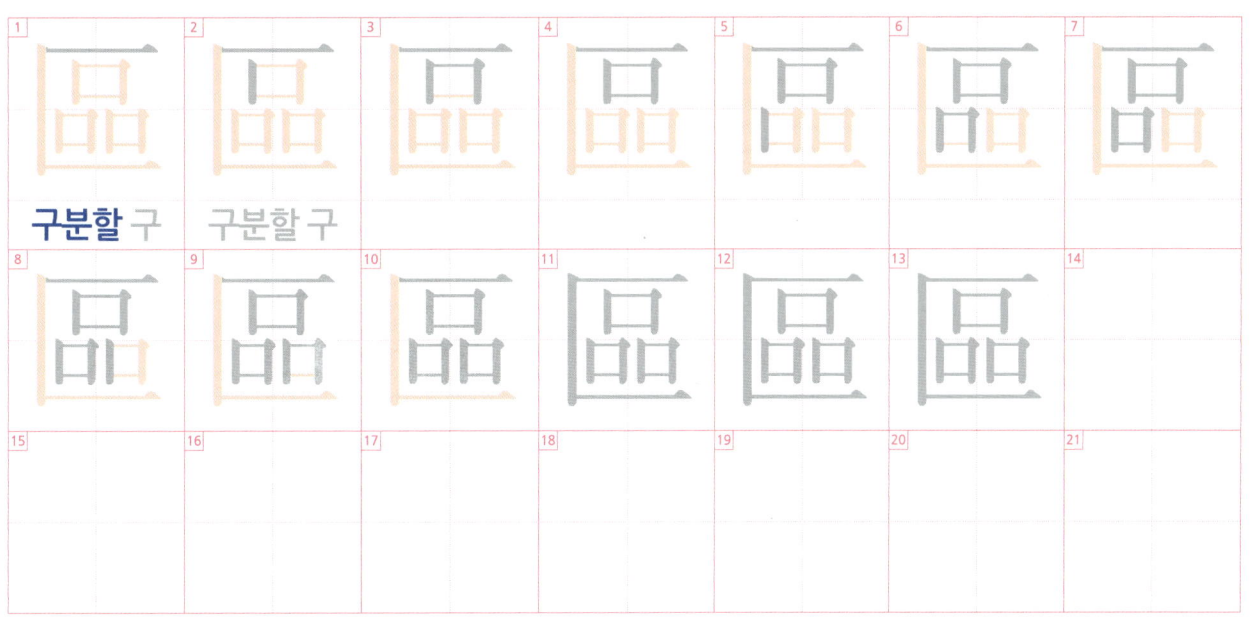

구분할 구	구분할 구

4 다음 문장 중 밑줄 친 한자의 음(音)을 써 보세요.

나는 친구들의 목소리만 듣고도 누구인지 **區別**할 수 있어.

(   )

5 다음 낱말 중 區 **구분할 구** 한자가 쓰인 단어는 무엇인지 3개 골라 ○표를 해 보세요.

행정구역	구구단	시군구	보호구역
행정기관이 관리하는 일정한 범위 안의 구역	1부터 9까지의 두 수를 곱한 곱셈표	행정구역인 시, 군, 구	잘 지키기 위해 경계를 정해 놓은 지역
( )	( )	( )	( )

끝난 시간 ☐ 시 ☐ 분 **1회 분 푸는 데 걸린 시간** ☐ 분 ⭐ **5문제 중** ☐ 개 3번은 정확히 다 써야 정답입니다. 스스로 붙임딱지

● 설명에 맞는 한자어를 빈칸에 한글로 써 보세요.

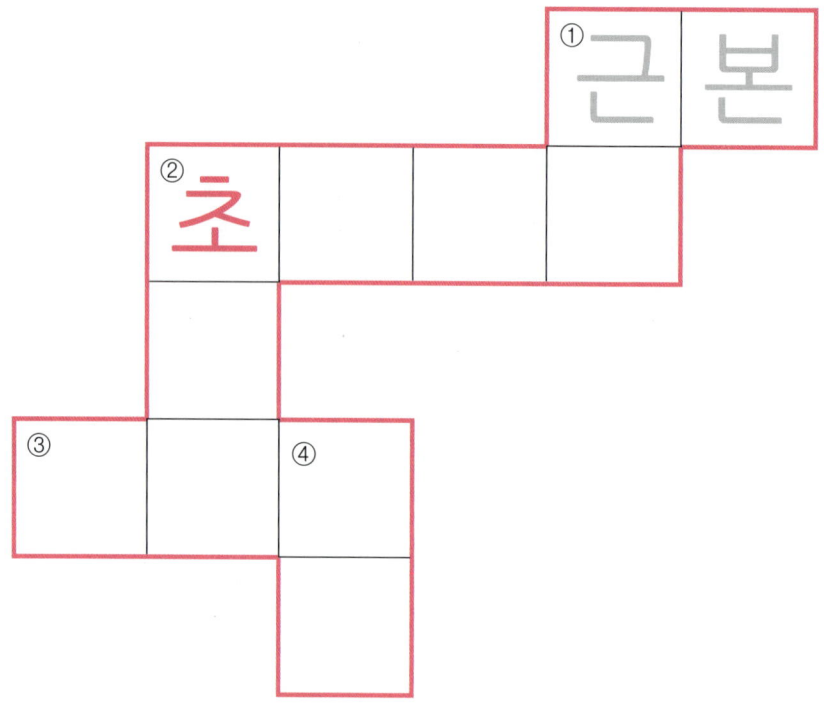

가로

① 根本 〔근본〕

사람이나 사물이 이루어지는 근원

② 初等學校 〔처음 초〕

공부할 나이가 된 아동에게 여러 기본 교육을
하는 의무 교육 기관

③ 北半球

적도를 기준으로 지구를 반으로 나누었을 때의
북쪽 지역

세로

① 近郊 〔들 교〕

도시 근처에 있는 마을이나 들

② 初級班 〔처음 초〕

기초를 배우는 반

④ 區分

기준에 따라 전체를 몇 가지로 나눔

5주차

 주간학습계획표

회차	학습내용		학습계획일
21회	太 클태		☐ 월 ☐ 일
22회	陽 볕양		☐ 월 ☐ 일
23회	溫 따뜻할온		☐ 월 ☐ 일
24회	雪 눈설		☐ 월 ☐ 일
25회	風 바람풍		☐ 월 ☐ 일

太

 크다
 클 태
 클 태

뜻(훈) **클**
소리(음) **태**

영어 **huge 크다**

[**클 태**는 **큰 대(大)에 점을 찍어 더 큼**을 나타낸 한자입니다.]

태라고 읽으며 크다, 심하다 등의 뜻이 있습니다.

예문 광복절을 맞아 집에 태극기를 걸었다.
= 광복절을 맞아 집에 우리나라 국기를 걸었다.

📖 교과어휘

① **태**극기(太 極 旗) 가운데에 태극무늬가 있고 가장자리에 건, 곤, 감, 리가 그려진 우리나라 국기 겨울1-2
　　　　클 태 다할 극 기 기

② **태**양(太 陽) 태양계의 중심에서 강한 빛을 내는 별 국어활동2-2
　　　클 태 볕 양

③ **태**양광(太 陽 光) 태양이 뿜어내는 빛 국어4-1(가)
　　　클 태 볕 양 빛 광

④ **태**평양(太 平 洋) 아시아를 포함한 여러 대륙 사이에 위치한 지구에서 가장 큰 바다
　　　클 태 평평할 평 큰 바다 양

⑤ **태**조(太 祖) 나라를 세운 왕에게 붙이는 이름 사회4-1
　　　클 태 할아버지 조

⑥ **태**평성대(太 平 聖 代) 어진 임금이 나라를 다스려 평화로운 시대
　　　클 태 평평할 평 성인 성 대신할 대

⑦ 명**태**(明 太) 대구과에 속하며 상태에 따라 이름이 달라지는 물고기 국어활동4-2
　　　밝을 명 클 태

---

1 다음 한자의 뜻(훈)과 소리(음)를 써 보세요.

太 뜻(훈): _____ 소리(음): _____

---

2 다음 뜻에 알맞은 단어를 골라 빈칸에 한글로 써 보세요.

[1] 나라를 세운 왕에게 붙이는 이름

① 太祖　　② 明太

[2] 지구에서 가장 큰 바다

① 太平洋　② 太陽光
　　　　　　볕 양

3 다음 **클 태** 한자를 순서대로 써 보세요.

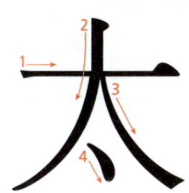 太 太 太 太

부수 大 (큰대, 3획) 획수 총 4획

1 太	2 太	3 太	4 太	5 太	6 太	7
클 태	클 태					
8	9	10	11	12	13	14
15	16	17	18	19	20	21

4 다음 문장 중 빈칸에 들어갈 알맞은 단어를 골라 보세요. ·· [   ]

> 1919년 3월 1일, 거리의 사람들이 (   )을/를 흔들며 만세를 외쳤다.

① 태극기(太極旗)
다할 극

② 태양(太陽)
볕 양

③ 명태(明太)

5 다음 낱말 중 太 **클 태** 한자가 쓰인 단어는 무엇인지 2개 골라 ○표를 해 보세요.

태평성대	상태	형태	태양광
어진 임금이 나라를 다스려 평화로운 시대	사물이나 현상이 처해있는 모양	어떤 것의 생김새	태양이 뿜어내는 빛
( )	( )	( )	( )

끝난 시간 ☐시 ☐분 **1회 분 푸는 데 걸린 시간** ☐분 **5문제 중** ☐개 3번은 정확히 다 써야 정답입니다. **스스로 붙임딱지**

陽

 햇볕

 볕 양

陽 볕 양

뜻(훈) **볕**

소리(음) **양**

영어 sunshine 햇볕

[**볕 양**은 **태양이 언덕 주변을 비추는 모습**을 나타낸 한자입니다.]

양이라고 읽으며 햇빛, 해 등의 뜻이 있습니다.

예문 태양은 동쪽에서 뜬다.
= 해는 동쪽에서 뜬다.

📖 교과어휘

① **태양**(太 陽) 태양계의 중심에서 강한 빛을 내는 별 국어활동 2-2
     클 태 볕 양
② **양산**(陽 傘) 햇빛을 가리기 위해 쓰는 우산처럼 생긴 것
     볕 양 우산 산
③ **한양**(漢 陽) 조선의 수도 사회 3-1
     한나라 한 볕 양
④ **석양**(夕 陽) 해가 지는 저녁 무렵의 햇빛
     저녁 석 볕 양
⑤ **양력**(陽 曆) 지구가 태양을 도는 시간을 기준으로 하는 달력
     볕 양 책력 력
⑥ **태양계**(太 陽 系) 태양을 중심으로 도는 천체의 집단 국어 4-1(나)
     클 태 볕 양 맬 계
⑦ **태양열**(太 陽 熱) 태양에서 뿜어져 나와 지구에 닿는 열 사회 3-1
     클 태 볕 양 더울 열

---

1 다음 한자의 뜻(훈)과 소리(음)를 써 보세요.

陽   뜻(훈): _____   소리(음): _____

2 다음 뜻에 알맞은 단어를 골라 빈칸에 한글로 써 보세요.

[1] 햇빛을 가리기 위해 쓰는 우산처럼 생긴 것

①陽傘   ②太陽
  우산 산

[2] 해가 지는 저녁 무렵의 햇빛

①漢陽   ②夕陽

3 다음 **볕 양** 한자를 순서대로 써 보세요.

陽 陽 陽 陽 陽 陽 陽 陽 陽
陽 陽 陽

부수 阝(좌부변, 3획) 획수 총 12획

¹ 陽	² 陽	³ 陽	⁴ 陽	⁵ 陽	⁶ 陽	⁷ 陽
볕 양	볕 양					
⁸ 陽	⁹ 陽	¹⁰ 陽	¹¹ 陽	¹² 陽	¹³ 陽	¹⁴ 陽
¹⁵	¹⁶	¹⁷	¹⁸	¹⁹	²⁰	²¹

4 다음 문장 중 빈칸에 들어갈 알맞은 단어를 골라 보세요. ·································· [   ]

> (   )은 태양에서 뿜어져 나와 지구에 닿는 열입니다. 우리는 이것을 이용하여 전기를 만들어 낼 수도 있고 방을 따뜻하게 할 수도 있습니다.

① 태양열(太陽熱)
　　　　　더울 열

② 한양(漢陽)

③ 양산(陽傘)
　　　　우산 산

5 다음 낱말 중 陽 **볕 양** 한자가 쓰인 단어는 무엇인지 2개 골라 ○표를 해 보세요.

태양계	양면	양력	산양
태양을 중심으로 도는 천체의 집단	앞쪽과 뒤쪽. 또는 두 면	태양을 기준으로 하는 달력	험한 산에 사는 염소와 닮은 동물
( )	( )	( )	( )

🕐 **끝난 시간** ☐ 시 ☐ 분　**1회 분 푸는 데 걸린 시간** ☐ 분　📑 **5문제 중** ☐ 개　3번은 정확히 다 써야 정답입니다.　스스로 붙임딱지 🐾

뜻(훈)　따뜻할

소리(음)　온

영어　warm 따뜻하다

따뜻하다

따뜻할 온

따뜻할 온

[**따뜻할 온**은 김 나는 따뜻한 물이 담긴 욕조에서 목욕하는 사람의 모습을 나타낸 한자입니다.]

온이라고 읽으며 따뜻하다, 따뜻하게 하다 등의 뜻이 있습니다.

예문　오늘 기온은 5~10℃이다.
　　　= 오늘 지구 공기의 온도는 5~10℃이다.

📖 교과어휘

① **온도**(溫　度) 차갑고 뜨거운 정도　국어 3·2(가)
　　따뜻할 온 법도 도

② **기온**(氣　溫) 지구를 덮고 있는 공기의 온도　국어 4-1(가)
　　기운 기 따뜻할 온

③ **온천**(溫　泉) 땅속에서 뜨거운 물이 나는 샘
　　따뜻할 온 샘 천

④ **체온계**(體　溫　計) 몸의 온도를 재는 기계　가을 2-2
　　몸 체 따뜻할 온 셀 계

⑤ **보온병**(保　溫　瓶) 안에 담긴 액체의 온도를 유지해주는 병
　　지킬 보 따뜻할 온 병 병

⑥ **온돌**(溫　突) 불이 방바닥 밑으로 퍼지게 하여 방을 따뜻하게 하는 장치　국어 6-1(나)
　　따뜻할 온 갑자기 돌

⑦ **온수**(溫　水) 따뜻한 물
　　따뜻할 온 물 수

1 다음 한자의 뜻(훈)과 소리(음)를 써 보세요.

溫　　뜻(훈): ＿＿＿＿＿＿＿＿＿　소리(음): ＿＿＿＿＿＿＿＿＿

2 다음 뜻에 알맞은 단어를 골라 빈칸에 한글로 써 보세요.

[1] 지구를 덮고 있는 공기의 온도

①溫泉　　②氣溫
　샘 천

[2] 따뜻한 물

①溫水　　②溫度
　　　　　　법도 도

3 다음 **따뜻할 온** 한자를 순서대로 써 보세요.

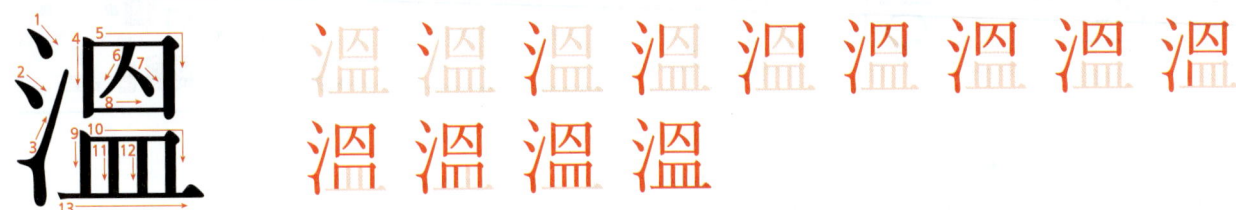

부수 氵(삼수변, 3획) 획수 총 13획

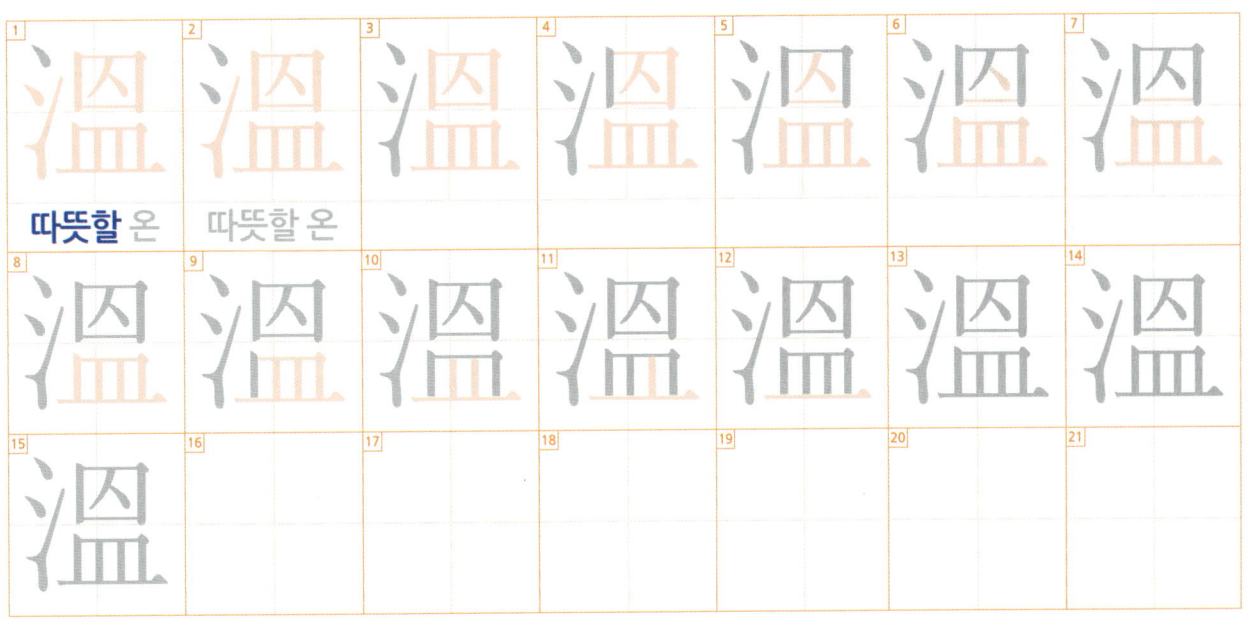

따뜻할 온   따뜻할 온

4 다음 문장 중 빈칸에 들어갈 알맞은 단어를 골라 보세요. ·································· [   ]

> (   )은/는 몸의 온도를 재는 기계입니다. 주로 이마나 귀에 적외선을 쏴서 온도를 측정합니다.

① 온천(溫泉)
샘 천

② 보온병(保溫瓶)
지킬 보   병 병

③ 체온계(體溫計)
셀 계

5 다음 낱말 중 溫 **따뜻할 온** 한자가 쓰인 단어는 무엇인지 2개 골라 ○표를 해 보세요.

평온	온전	온도	온돌
고요하고 편안함	본래대로 그대로 있음	차갑고 뜨거운 정도	불이 방바닥 밑으로 퍼지게 하여 방을 따뜻하게 하는 장치
( )	( )	( )	( )

끝난 시간 [ ]시 [ ]분 1회 분 푸는 데 걸린 시간 [ ]분   5문제 중 [ ]개   3번은 정확히 다 써야 정답입니다.   스스로 붙임딱지

雪

눈

눈 설

눈 설

뜻(훈)　눈
소리(음)　설
영어　snow 눈

[**눈 설**은 **눈을 빗자루로 쓰는 모습**을 나타낸 한자입니다.]

설이라고 읽으며 눈, 눈이 오다, 희다 등의 뜻이 있습니다.

예문 밤 사이에 **폭설**이 내렸어.
　　= 밤 사이에 눈이 몹시 많이 내렸어.

📖 교과어휘

① **설**탕(雪 糖) 사탕수수에서 얻어낸 달고 물에 잘 녹는 가루 [국어 2-2(가)]
　　눈설 엿탕
② **폭설**(暴 雪) 갑자기 몹시 많이 내리는 눈
　　사나울 폭 눈설
③ **만년설**(萬 年 雪) 높은 산이나 추운 곳에 쌓여서 녹지 않는 눈
　　일만 만 해 년 눈설
④ **제설**(除 雪) 눈을 치움 [겨울 1·2]
　　덜 제 눈설
⑤ **제설차**(除 雪 車) 길에 쌓여있는 눈을 치우는 차
　　덜 제 눈설 수레 차
⑥ **설빙**(雪 氷) 눈과 얼음
　　눈설 얼음 빙
⑦ **설상가상**(雪 上 加 霜) 눈 위에 서리까지 내림. 어려운 일이 연달아 일어남
　　눈설 위 상 더할 가 서리 상

1 다음 한자의 뜻(훈)과 소리(음)를 써 보세요.

雪　　뜻(훈): ＿＿＿＿＿＿＿　　소리(음): ＿＿＿＿＿＿＿

2 다음 뜻에 알맞은 단어를 골라 빈칸에 한글로 써 보세요.

[1] 눈과 얼음

　① 雪糖　　② 雪氷
　　엿 탕　　　얼음 빙

[2] 높은 산이나 추운 곳에 쌓여서 녹지 않는 눈

　① 萬年雪　　② 除雪車
　　　　　　　덜 제

3 다음 **눈** **설** 한자를 순서대로 써 보세요.

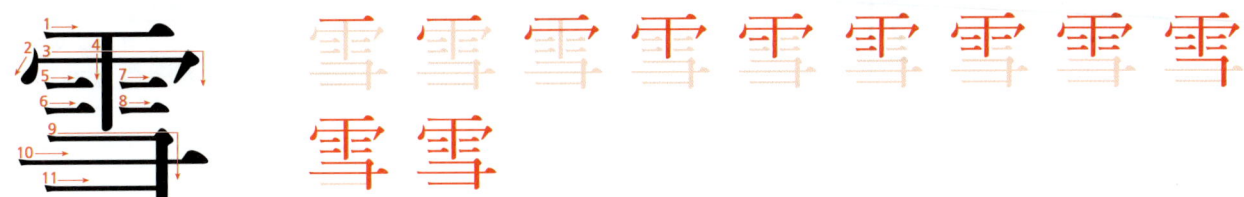

부수 **雨** (비우, 8획) 획수 총 11획

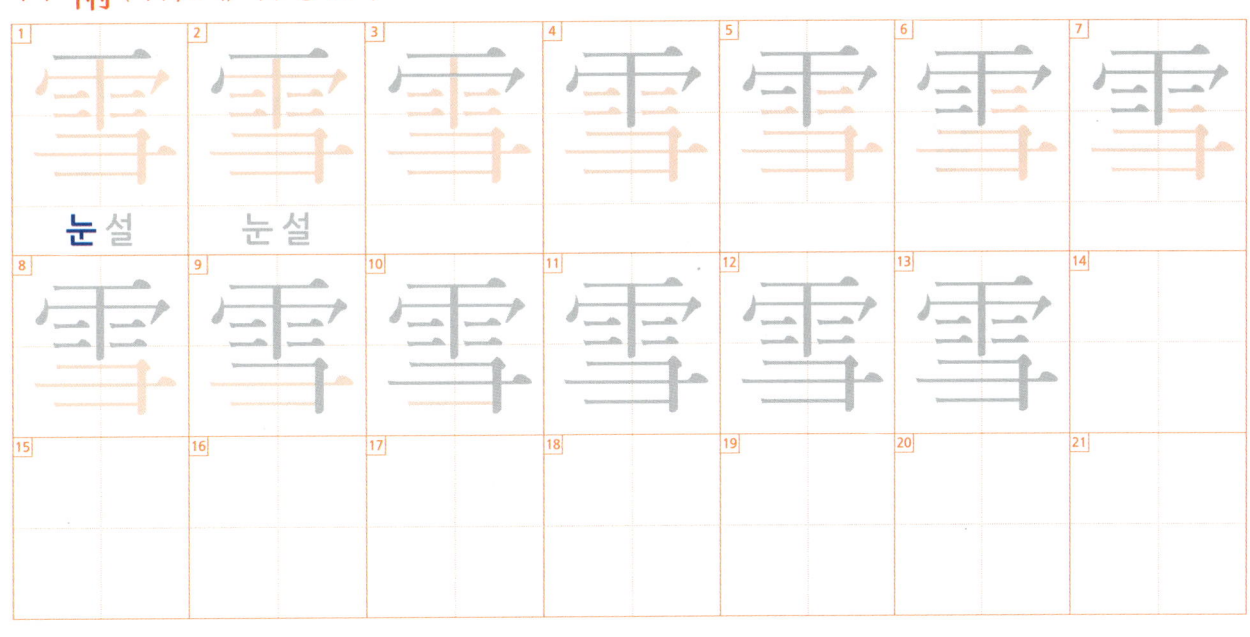

4 다음 문장 중 밑줄 친 글자에 알맞은 한자를 보기에서 찾아 써 보세요.

보기   厘   童   雪   電

아이들은 눈싸움을 무척 좋아한다.

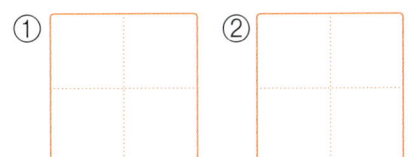

5 다음 낱말 중 **雪** **눈** **설** 한자가 쓰인 단어는 무엇인지 2개 골라 ○표를 해 보세요.

폭설	제설	전설	소설가
갑자기 몹시 많이 내리는 눈	눈을 치움	오랜 옛날부터 전해져 내려오는 이야기	소설을 쓰는 일을 직업으로 삼는 사람
( )	( )	( )	( )

끝난 시간 ☐ 시 ☐ 분 **1회 분 푸는 데 걸린 시간** ☐ 분   **5문제 중** ☐ 개   3번은 정확히 다 써야 정답입니다.   스스로 붙임딱지

風

뜻(훈)	바람
소리(음)	풍

영어 wind 바람

 바람

 바람 풍

 바람 풍

[**바람 풍**은 **새가 날갯짓으로 바람을 일으키는 모습**을 나타낸 한자입니다.]

풍이라고 읽으며 바람이 불다, 움직이다 등의 뜻이 있습니다.

예문 언덕에서 바라보는 풍경이 정말 아름다워.
= 언덕에서 바라보는 자연의 모습이 정말 아름다워.

📖 **교과어휘**

① **선풍기**(扇 風 機) 날개를 돌려 바람을 일으키는 기계
   부채 선 바람 풍 틀 기
② **풍선**(風 船) 얇은 고무주머니에 공기를 넣어 공중에 띄울 수 있게 한 물건 국어활동 1-1
   바람 풍 배 선
③ **태풍**(颱 風) 어떠한 지점을 중심으로 매섭게 도는 소용돌이 국어 4-2(나)
   태풍 태 바람 풍
④ **소풍**(逍 風) 야외로 가는 견학. 또는 바깥에서 바람을 쐬는 일 국어활동 2-2
   노닐 소 바람 풍
⑤ **풍차**(風 車) 바람을 기계적인 힘으로 바꾸는 장치
   바람 풍 수레 차
⑥ **풍경**(風 景) 자연이나 세상의 모습 가을 1-2
   바람 풍 볕 경
⑦ **풍습**(風 習) 옛날부터 전해오는 사회의 생활 습관이나 문화 겨울 2-2
   바람 풍 익힐 습

1 다음 한자의 뜻(훈)과 소리(음)를 써 보세요.

風 뜻(훈): _____ 소리(음): _____

2 다음 뜻에 알맞은 단어를 골라 빈칸에 한글로 써 보세요.

[1] 바람을 기계적인 힘으로 바꾸는 장치

① 風車 　　② 颱風
　　　　　　　 태풍 태

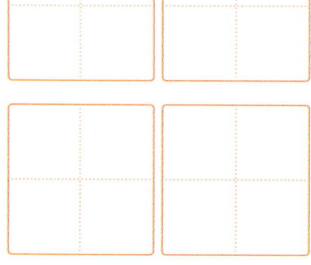

[2] 야외로 가는 견학. 또는 바깥에서 바람을 쐬는 일

① 風景 　　② 逍風
　 볕 경 　　　노닐 소

3 다음 **바람 풍** 한자를 순서대로 써 보세요.

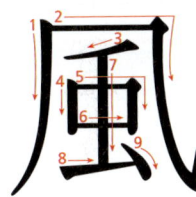

風 風 風 風 風 風 風 風 風

부수 風 (바람풍, 9획) 획수 총 9획

1 風	2 風	3 風	4 風	5 風	6 風	7 風
바람 풍	바람 풍					
8 風	9 風	10 風	11 風	12	13	14
15	16	17	18	19	20	21

4 다음 문장 중 밑줄 친 글자에 알맞은 한자를 보기에서 찾아 써 보세요.

보기   楓   風   頭   須

나뭇잎이 **바람**을 타고 내 **머리** 위로 떨어졌다.

①
②

5 다음 낱말 중 風 **바람 풍** 한자가 쓰인 단어는 무엇인지 2개 골라 ○표를 해 보세요.

풍부	선풍기	풍선	단풍
많고 넉넉함	날개를 돌려 바람을 일으키는 기계	공기를 넣어 공중에 띄울 수 있게 한 물건	가을에 붉은색, 노란색, 갈색으로 변한 나뭇잎
( )	( )	( )	( )

끝난 시간 ☐ 시 ☐ 분   **1회 분 푸는 데 걸린 시간** ☐ 분   **5문제 중** ☐ 개   3번은 정확히 다 써야 정답입니다.   **스스로 붙임딱지**

● 밑줄 친 글자의 한자를 찾아 번호를 써 보세요.

나그네 옷 벗기기

하늘에서 해님과 **바람**이 서로가 더 **강하다며** 말다툼을 하고 있었습니다.
　　　　　　　　　8

그때, **하늘** 아래에 한 나그네가 길을 지나가고 있었습니다.

해님은 나그네의 옷을 **먼저** 벗긴 사람이 더 센 것으로 하자고 했습니다.

바람은 당연히 자신이 이긴다며 앞으로 나와 숨을 **크게** 들이쉬고 후!
불었습니다.

　

"**따뜻하던** 날씨가 갑자기 왜 이러지? 이러다간 바람에 옷이 날아가겠어."

나그네는 입고 있던 옷의 단추를 모두 잠갔습니다.

이번에는 해님이 두 팔을 활짝 벌리고 따뜻한 햇**볕**을 보내기 시작했습니다.

나그네는 "아이참, 날씨가 갑자기 또 더워졌네. 오늘 참 이상하군."하며
외투를 벗었습니다.

그 모습을 본 바람은 자만했던 자신이 너무 부끄러워 **멀리** 도망갔습니다.

보기

① 先 ② 太 ③ 陽 ④ 強 ⑤ 天 ⑥ 遠 ⑦ 溫 ⑧ 風 (바람 풍)

6주차

 주간학습계획표

회차	학습내용		학습계획일
26회	衣 옷의		☐ 월 ☐ 일
27회	服 옷복		☐ 월 ☐ 일
28회	圖 그림도		☐ 월 ☐ 일
29회	畫 그림화		☐ 월 ☐ 일
30회	向 향할향		☐ 월 ☐ 일

衣

옷

옷 의

옷 의

옷 의

뜻(훈)　**옷**
소리(음)　**의**

영어　clothes 옷

[옷 의는 **윗옷의 모양**을 보고 만들었습니다.]

의라고 읽으며 옷, 가리개 등의 뜻이 있습니다.

예문 오늘은 날씨가 추워서 **내의**를 입었어.
= 오늘은 날씨가 추워서 **안에 입는 옷**을 입었어.

📖 교과어휘

① **의상**(衣 裳) 겉에 입는 옷. 또는 특정 용도가 있는 옷 〔겨울 2-2〕
　　　　옷 의 치마 상
② **상의**(上 衣) 몸의 윗부분에 입는 옷
　　　　윗 상 옷 의
③ **하의**(下 衣) 몸의 아랫부분에 입는 옷
　　　　아래 하 옷 의
④ **내의**(內 衣) 보온을 위해 겉옷 안에 입는 옷
　　　　안 내 옷 의
⑤ **탈의실**(脫 衣 室) 옷을 갈아입도록 만들어 놓은 장소
　　　　벗을 탈 옷 의 집 실
⑥ **의식주**(衣 食 住) 사람이 생활하는 데 기본적으로 필요한 옷과 음식, 집을 이르는 말
　　　　옷 의 밥 식 살 주
⑦ **백의민족**(白 衣 民 族) 흰옷을 즐겨 입는 우리 민족을 이르는 말
　　　　흰 백 옷 의 백성 민 겨레 족

---

1 다음 한자의 뜻(훈)과 소리(음)를 써 보세요.

衣　　뜻(훈): ＿＿＿＿＿＿＿＿＿＿　소리(음): ＿＿＿＿＿＿＿＿＿＿

2 다음 뜻에 알맞은 단어를 골라 빈칸에 한글로 써 보세요.

[1] 몸의 윗부분에 입는 옷

① 下衣　　② 上衣

[2] 기본적으로 필요한 옷과 음식, 집

① 衣食住　② 脫衣室
　　　　　　벗을 탈

3 다음 **옷 의** 한자를 순서대로 써 보세요.

부수 衣 (옷의, 6획) 획수 총 6획

1 衣	2 衣	3 衣	4 衣	5 衣	6 衣	7 衣
옷의	옷의					
8 衣	9	10	11	12	13	14
15	16	17	18	19	20	21

정답 132쪽

4 다음 문장 중 밑줄 친 부분을 한자어로 써 보세요.

나는 **옷을 갈아입는 곳**에서 수영복으로 갈아입었어.

옷을 갈아입는 곳 =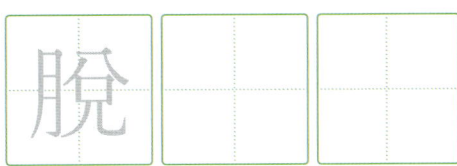

5 다음 낱말 중 衣 **옷 의** 한자가 쓰인 단어는 무엇인지 2개 골라 ○표를 해 보세요.

논의	의도	백의민족	의상
서로 의견을 말하며 토의함	무엇을 하려고 꾀함	흰옷을 즐겨 입는 우리 민족을 이르는 말	겉에 입는 옷. 또는 특정 용도가 있는 옷
( )	( )	( )	( )

끝난 시간 ☐ 시 ☐ 분 **1회 분 푸는 데 걸린 시간** ☐ 분  **5문제 중** ☐ 개 3번은 정확히 다 써야 정답입니다. 스스로 붙임딱지

服

뜻(훈)　　옷
소리(음)　복

영어 clothes 옷

 옷

 옷 복

服 옷 복

[**옷** 복은 **몸을 보호하기 위해 입는 옷**을 나타낸 한자입니다.]

복이라고 읽으며 옷, 입다, 따르다 등의 뜻이 있습니다.

예문 한복을 입고 세배를 했어.
= 우리나라의 전통 옷을 입고 세배를 했어.

📖 교과어휘

① **한복**(韓 服) 우리나라의 전통 옷 가을 1-2
　　한국 한 옷 복
② **교복**(校 服) 학교에서 학생들에게 입도록 정한 옷 국어 4-2(나)
　　학교 교 옷 복
③ **양복**(洋 服) 서양식으로 만든 정장 국어활동 1-2
　　큰 바다 양 옷 복
④ **운동복**(運 動 服) 운동할 때 입는 옷
　　옮길 운 움직일 동 옷 복
⑤ **군복**(軍 服) 군인들이 입도록 정한 옷
　　군사 군 옷 복
⑥ **복장**(服 裝) 입은 옷차림 국어 3-2(나)
　　옷 복 꾸밀 장
⑦ **극복**(克 服) 힘든 상태를 이겨냄 국어 4-1(가)
　　이길 극 옷 복

---

1 다음 한자의 뜻(훈)과 소리(음)를 써 보세요.

服　　뜻(훈): ＿＿＿＿＿＿＿＿＿　소리(음): ＿＿＿＿＿＿＿＿＿

2 다음 뜻에 알맞은 단어를 골라 빈칸에 한글로 써 보세요.

[1] 우리나라의 전통 옷

①韓服　　②軍服

[2] 학교에서 학생들에게 입도록 정한 옷

①校服　　②克服
　　　　　　이길 극

3 다음 **옷 복** 한자를 순서대로 써 보세요.

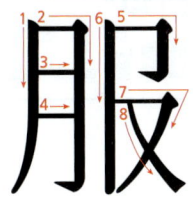

服 服 服 服 服 服 服 服

부수 **月** (달월, 4획) 획수 총 8획

1 服	2 服	3 服	4 服	5 服	6 服	7 服
옷복	옷복					
8 服	9 服	10 服	11	12	13	14
15	16	17	18	19	20	21

4 다음 문장 중 밑줄 친 글자에 알맞은 한자를 보기에서 찾아 써 보세요.

보기   雪　霙　冬　終　服　腹

<u>눈</u>이 내리는 **겨울**에는 두꺼운 **옷**을 입는다.

① ☐   ② ☐   ③ ☐

5 다음 낱말 중 服 **옷 복** 한자가 쓰인 단어는 무엇인지 2개 골라 ○표를 해 보세요.

복권	운동복	회복	복장
당첨되면 상금을 받는 표	운동할 때 입는 옷	다시 원래의 좋은 상태로 돌아옴	입은 옷차림
(　　)	(　　)	(　　)	(　　)

끝난 시간 ☐ 시 ☐ 분　**1회 분 푸는 데 걸린 시간** ☐ 분　⭐ **5문제 중** ☐ 개　3번은 정확히 다 써야 정답입니다.　**스스로 붙임딱지**

圖

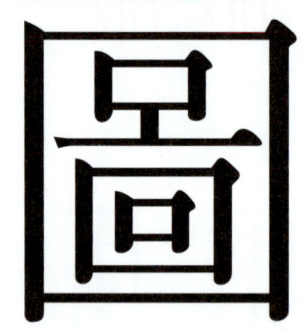
그림

그림　도

그림　도

뜻(훈)	그림
소리(음)	도
영어	drawing 그림

[**그림 도**는 **족자에 지도를 그린 모양**을 나타낸 한자입니다.]

도라고 읽으며 그림, 그리다, 꾀하다 등의 뜻이 있습니다.

예문 이 지도를 따라가면 보물이 나온대!
= 이 땅의 모양을 줄인 그림을 따라가면 보물이 나온대!

교과어휘

① **도화지**(圖 畫 紙) 그림을 그리는 종이　국어 1-2(가)
　　　　그림 도 그림 화 종이 지
② **도서관**(圖 書 館) 여러 책과 자료를 보관하고 사람들이 볼 수 있게 하는 곳　국어 1-1(나)
　　　　그림 도 글 서 집 관
③ **지도**(地 圖) 땅의 모양을 일정한 비율로 줄여서 그린 그림　국어활동 1-1
　　　땅 지 그림 도
④ **도장**(圖 章) 나무, 고무 등에 글자를 새겨 종이에 찍을 수 있도록 한 것　가을 1-2
　　　그림 도 글 장
⑤ **도형**(圖 形) 점, 선, 면이 모여 이룬 삼각형, 원, 사각형 등과 같은 것　국어 4-1(가)
　　　그림 도 모양 형
⑥ **약도**(略 圖) 간단히 중요한 부분만 그린 지도　사회 4-1
　　　간략할 약 그림 도
⑦ **의도**(意 圖) 무엇을 하려고 꾀함. 또는 그러한 계획　국어활동 4-1
　　　뜻 의 그림 도
⑧ **시도**(試 圖) 어떤 것을 이루려고 해봄
　　　시험 시 그림 도

---

1 다음 한자의 뜻(훈)과 소리(음)를 써 보세요.

圖　　　뜻(훈): _____　　　소리(음): _____

2 다음 뜻에 알맞은 단어를 골라 빈칸에 한글로 써 보세요.

[1] 어떤 것을 이루려고 해봄

① 意圖　　② 試圖
　뜻 의　　　시험 시

[2] 나무 등에 글자를 새겨 종이에 찍을 수 있도록 한 것

① 圖章　　② 圖形
　　　　　　　모양 형

3 다음 **그림 도** 한자를 순서대로 써 보세요.

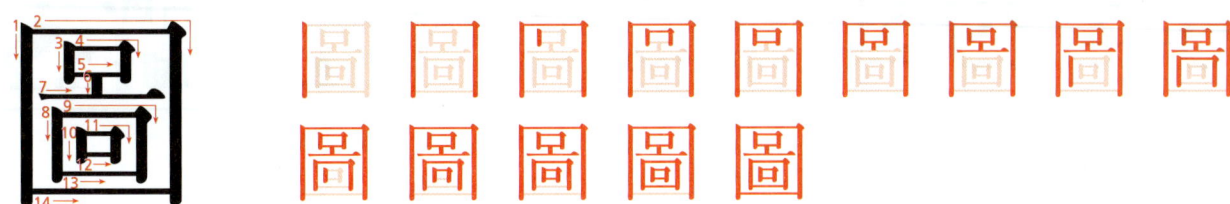

부수 □ (큰입구몸, 3획) 획수 총 14획

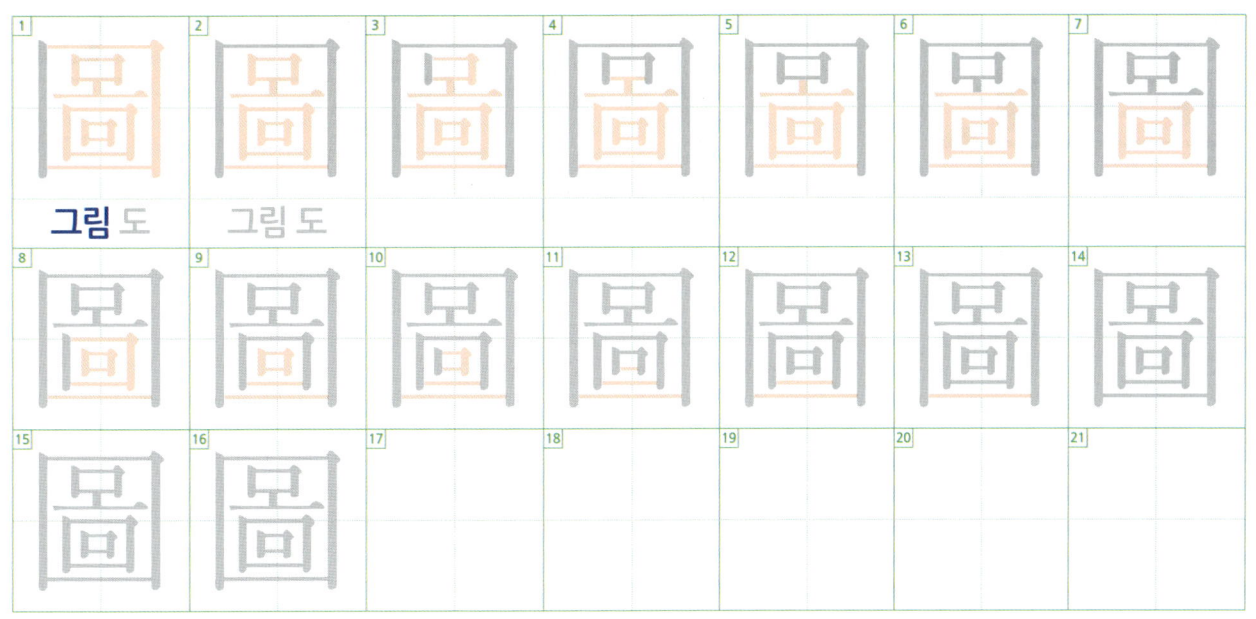

1 그림 도	2 그림 도	3	4	5	6	7
8	9	10	11	12	13	14
15	16	17	18	19	20	21

4 다음 문장 중 밑줄 친 한자의 음(音)을 써 보세요.

圖書館에 가면 다양한 종류의 책들을 많이 읽을 수 있어.

(   )

5 다음 낱말 중 圖 **그림 도** 한자가 쓰인 단어는 무엇인지 2개 골라 ○표를 해 보세요.

온도	독도	약도	도화지
차갑고 뜨거운 정도	울릉도 옆의 우리나라 섬	간단히 중요한 부분만 그린 지도	그림을 그리는 종이
( )	( )	( )	( )

끝난 시간 ☐ 시 ☐ 분 **1회 분 푸는 데 걸린 시간** ☐ 분 ⭐ **5문제 중** ☐ 개 3번은 정확히 다 써야 정답입니다. 스스로 붙임딱지

畫

뜻(훈)   그림
소리(음)   화

영어 painting 그림

그림

그림 화

[그림 화는 **붓으로 그림을 그리는 모습**을 나타낸 한자입니다.]

화라고 읽으며 그림, 긋다, 그리다 등의 뜻이 있습니다.

예문 우리 동네에는 벽화가 있다.
= 우리 동네에는 벽에 그린 그림이 있다.

📖 교과어휘

① **영화관**(映 畫 館) 영화를 볼 수 있는 장치를 갖추고 관객들에게 영화를 보여주는 곳 가을 1-2
비칠 영 그림 화 집 관

② **화가**(畫 家) 그림 그리는 것을 직업으로 삼는 사람 국어 2-2(가)
그림 화 집 가

③ **만화**(漫 畫) 여러 장면으로 이야기를 풀어내는 그림 국어 1-2(나)
흩어질 만 그림 화

④ **화면**(畫 面) 텔레비전이나 컴퓨터 등에서 그림이나 영상이 나타나는 곳 국어 2-1(나)
그림 화 낯 면

⑤ **벽화**(壁 畫) 벽에 그린 그림 국어활동 3-2
벽 벽 그림 화

⑥ **수채화**(水 彩 畫) 물에 물감을 풀어서 그리는 그림
물 수 채색 채 그림 화

⑦ **자화상**(自 畫 像) 자신을 그린 그림
스스로 자 그림 화 모양 상

⑧ **명화**(名 畫) 잘 그려서 유명한 그림 국어 5-1(가)
이름 명 그림 화

---

1 다음 한자의 뜻(훈)과 소리(음)를 써 보세요.

畫   뜻(훈): _____   소리(음): _____

---

2 다음 뜻에 알맞은 단어를 골라 빈칸에 한글로 써 보세요.

[1] 그림 그리는 것을 직업으로 삼는 사람

①畫家   ②漫畫
흩어질 만

[2] 잘 그려서 유명한 그림

①名畫   ②畫面

3 다음 **그림 화** 한자를 순서대로 써 보세요.

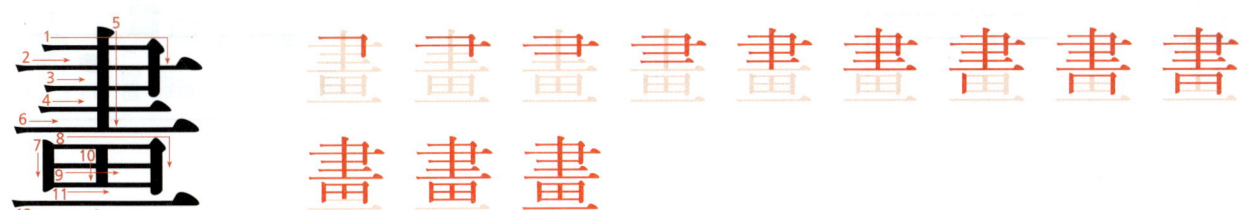

부수 田(밭전, 5획) 획수 총 12획

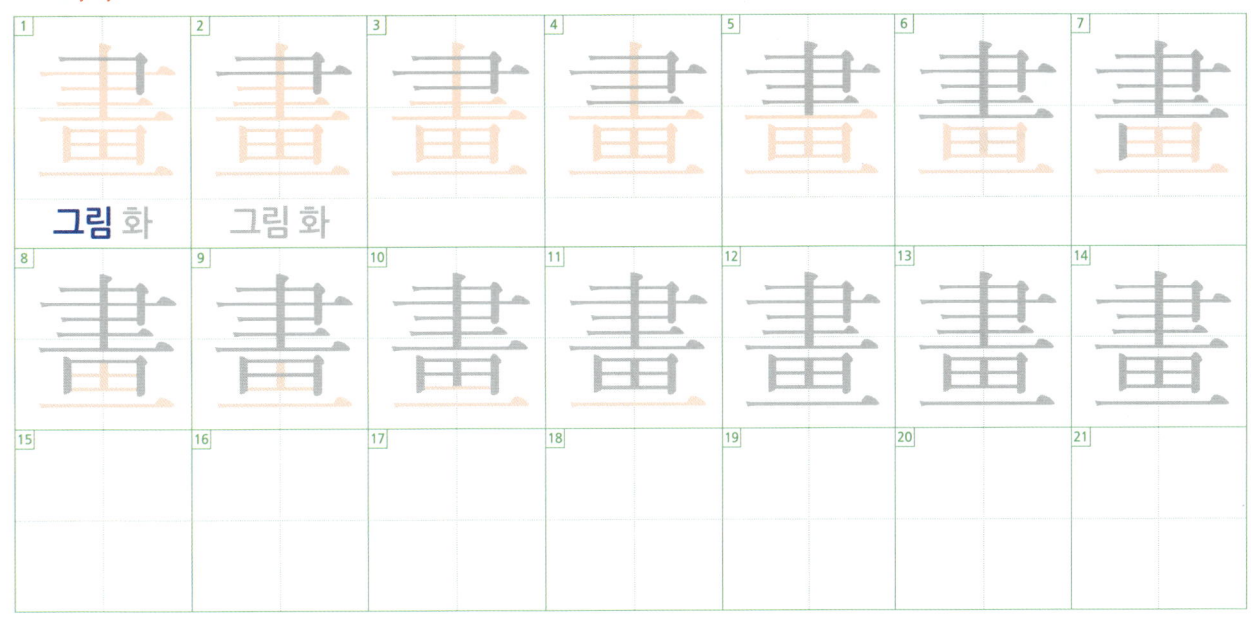

1	2	3	4	5	6	7
畫	畫	畫	畫	畫	畫	畫
그림 화	그림 화					

8	9	10	11	12	13	14
畫	畫	畫	畫	畫	畫	畫

15	16	17	18	19	20	21

4 다음 문장 중 빈칸에 들어갈 알맞은 단어를 골라 보세요. ……………………………… [   ]

> 옛날 사람들은 무덤에 (   )을/를 많이 그렸는데, 그 내용을 보면 그때 당시 사람들이 어떻게 살았는지 알 수 있습니다. 예를 들면, 말을 타고 활을 쏘고 있는 내용을 보고, 그 당시 그 지역의 사람들이 농사보다는 사냥을 많이 했다고 추측할 수 있습니다.

① 벽화(壁畫)　② 영화관(映畫館)　③ 만화(漫畫)　④ 화면(畫面)
　　벽 벽　　　　　비칠 영　집 관　　　흩어질 만

5 다음 낱말 중 畫 **그림 화** 한자가 쓰인 단어는 무엇인지 2개 골라 ○표를 해 보세요.

화요일	자화상	수채화	무궁화
일주일의 두 번째 날	자신을 그린 그림	물에 물감을 풀어서 그리는 그림	무궁화 나무의 꽃으로, 대한민국의 나라꽃
( )	( )	( )	( )

⏱ 끝난 시간 [ ]시 [ ]분 **1회 분 푸는 데 걸린 시간** [ ]분　📝 **5문제 중** [ ]개　3번은 정확히 다 써야 정답입니다.　스스로 붙임딱지

 공부한 날 [　] 월 [　] 일

 시작 시간 [　] 시 [　] 분

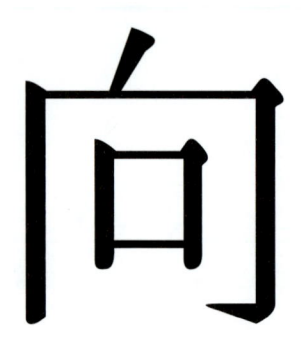

 향하다

 향할 향

 향할 향

뜻(훈)　향할

소리(음)　향

영어　toward 향하여

[**향할 향**은 **북쪽을 향한 창문의 모습**을 나타낸 한자입니다.]

향이라고 읽으며 향하다, 어떤 방향으로 나아가다 등의 뜻이 있습니다.

예문 우체국 방향으로 걸어가다 보면 학교가 나와요.
= 우체국을 향한 쪽으로 걸어가다 보면 학교가 나와요.

📖 교과어휘

① **방향**(方 向) 어딘가를 향한 쪽. 또는 어떤 목표를 향해 나아가는 쪽 `국어 1-1(가)`
　　모 방 향할 향

② **취향**(趣 向) 원하거나 하고 싶은 마음이 쏠리는 방향
　　뜻 취 향할 향

③ **역방향**(逆 方 向) 어떤 방향과 반대되는 쪽
　　거스를 역 모 방 향할 향

④ **방향감각**(方 向 感 覺) 자신의 위치와 방향을 알고 원하는 쪽으로 갈 수 있는 능력
　　모 방 향할 향 느낄 감 깨달을 각

⑤ **경향**(傾 向) 마음이나 행동이 어떤 쪽으로 기울어짐 `국어 4-2(나)`
　　기울 경 향할 향

⑥ **향상**(向 上) 좋은 쪽으로 수준이 더 발전함
　　향할 향 위 상

⑦ **외향성**(外 向 性) 활동적이고 감정 표현을 많이 나타내는 성격
　　바깥 외 향할 향 성품 성

⑧ **내향성**(內 向 性) 속마음을 밖으로 많이 나타내지 않는 성격
　　안 내 향할 향 성품 성

1 다음 한자의 뜻(훈)과 소리(음)를 써 보세요.

向　　뜻(훈): ＿＿＿＿＿＿＿　　소리(음): ＿＿＿＿＿＿＿

2 다음 뜻에 알맞은 단어를 골라 빈칸에 한글로 써 보세요.

[1] 좋은 쪽으로 수준이 더 발전함

① 向上　　② 傾向
　　　　　기울 경

[2] 활동적이고 감정 표현을 많이 나타내는 성격

① 外向性　　② 逆方向
　 성품 성　　거스를 역

3 다음 **향할 향** 한자를 순서대로 써 보세요.

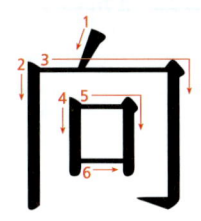

부수 口 (입구, 3획) 획수 총 6획

1 向	2 向	3 向	4 向	5 向	6 向	7 向
향할 향	향할 향					
8 向	9	10	11	12	13	14
15	16	17	18	19	20	21

4 다음 문장 중 밑줄 친 한자의 음(音)을 써 보세요.

> 지도를 보면 우리가 어느 <u>方向</u>으로 가야 할지 알 수 있어.
>
> (   )

5 다음 낱말 중 向 **향할 향** 한자가 쓰인 단어는 무엇인지 2개 골라 ○표를 해 보세요.

고향	향기	방향감각	취향
자기가 태어나고 자란 지역	꽃이나 향 등에서 나는 좋은 느낌의 냄새	자신의 위치와 방향을 알고 원하는 쪽으로 갈 수 있는 능력	원하거나 하고 싶은 마음이 쏠리는 방향
( )	( )	( )	( )

 끝난 시간 ☐ 시 ☐ 분 **1회 분 푸는 데 걸린 시간** ☐ 분 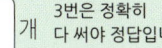 **5문제 중** ☐ 개 3번은 정확히 다 써야 정답입니다. 스스로 붙임딱지

● 밑줄 친 글자의 한자를 찾아 번호를 써 보세요.

치마 위에 피어난 포도송이

잔치 집에서 신사임당이 다른 부인들과 **밥**을 먹고 있을 때였습니다.
⑤

한 부인이 접시를 엎질러서 치마에 음식이 묻고 말았습니다.

부인은 "이 **옷**은 빌린 옷이에요."라며 울상을 지었습니다.

이를 안타깝게 여긴 신사임당이 부인에게 치마를 달라고 **말**했습니다.

부인이 치마를 건네주자 신사임당은 그 **자리**에서 치마 위에 그림을 그리기 시작했고, 순식간에 치마 위에 포도송이와 잎사귀가 생겨났습니다.

그림이 완성되자 모든 부인들은 신사임당을 **향해** 감탄을 쏟아냈습니다.

신사임당은 부인에게 치마를 건네주며 "이 옷을 팔면 큰돈을 벌 수 있을 거예요."라고 말했습니다.

부인은 몹시 고마워하며 치마를 **시장**에

가져가 팔았고, 덕분에 원래 **주인**에게
새 옷을 사서 돌려줄 수 있었습니다.

보기

① 主 ② 言 ③ 畫 ④ 市 ⑤ 食 (밥 식) ⑥ 向 ⑦ 衣 ⑧ 席

7주차

 주간학습계획표

회차	학습내용		학습계획일
31회	音 소리 음		월 일
32회	樂 즐길 락(낙)		월 일
33회	苦 쓸 고		월 일
34회	幸 다행 행		월 일
35회	運 옮길 운		월 일

音

뜻(훈) **소리**

소리(음) **음**

[영어] **sound** 소리

소리

소리 음

소리 음

[**소리 음**은 **입에서 소리가 퍼져 나가는 모습**을 나타낸 한자입니다.]

음이라고 읽으며 소리, 음악 등의 뜻이 있습니다.

[예문] 오늘은 영어를 발음하는 법을 배웠어.
= 오늘은 영어를 소리내는 법을 배웠어.

📖 **교과어휘**

① **발음**(發 音) 언어의 소리를 냄 [국어활동 1-1]
    필 발 소리 음

② **음악**(音 樂) 목소리나 악기 등의 소리를 이용한 예술 [국어활동 1-1]
    소리 음 노래 악

③ **소음**(騷 音) 시끄럽고 불쾌한 소리 [사회 3-1]
    떠들 소 소리 음

④ **모음**(母 音) 발음할 때 아무 장애 없이 나는 소리(ㅏ, ㅑ, ㅓ 등) [국어 1-1(가)]
    어머니 모 소리 음

⑤ **자음**(子 音) 발음할 때 날숨이 장애를 받으며 나는 소리(ㄱ, ㄴ, ㄷ 등) [국어 3-1(나)]
    아들 자 소리 음

⑥ **고음**(高 音) 음이 높은 소리
    높을 고 소리 음

⑦ **화음**(和 音) 둘 이상의 음이 함께 어울려 나는 소리 [국어활동 3-1]
    화할 화 소리 음

⑧ **녹음기**(錄 音 器) 나중에 그대로 다시 들을 수 있도록 소리를 저장하는 기계 [사회 3-1]
    기록할 녹 소리 음 그릇 기

1 다음 한자의 뜻(훈)과 소리(음)를 써 보세요.

音 뜻(훈): _____ 소리(음): _____

2 다음 뜻에 알맞은 단어를 골라 빈칸에 한글로 써 보세요.

[1] 음이 높은 소리

① 高音   ② 騷音
            떠들 소

[2] 발음할 때 아무 장애 없이 나는 소리(ㅏ, ㅕ, ㅓ 등)

① 和音   ② 母音
  화할 화

3 다음 **소리 음** 한자를 순서대로 써 보세요.

부수 音 (소리음, 9획) 획수 총 9획

1	2	3	4	5	6	7
音 소리음	音 소리음	音	音	音	音	音

8	9	10	11	12	13	14
音	音	音	音			

15	16	17	18	19	20	21

4 다음 문장 중 밑줄 친 한자의 음(音)을 써 보세요.

ㄱ, ㄴ, ㄷ처럼 발음할 때 공기가 방해를 받으며 나는 소리를 子**音**이라고 해.

(   )

5 다음 낱말 중 音 **소리 음** 한자가 쓰인 단어는 무엇인지 2개 골라 ○표를 해 보세요.

음식	녹음기	음악	음력
인간이 먹거나 마실 수 있도록 만든 것	나중에 그대로 다시 들을 수 있도록 소리를 저장하는 기계	목소리나 악기 등의 소리를 이용한 예술	달이 지구를 도는 시간을 기준으로 만든 달력
( )	( )	( )	( )

樂

 즐기다

 즐길 락

 즐길 락

뜻(훈) **즐길**

소리(음) **락(낙)**

영어 enjoy 즐기다

[**즐길 락(낙)**은 **나무로 만든 악기를 연주하는 모습**을 나타낸 한자입니다.]

락(낙)이라고 읽으며 즐기다, 즐거워하다 등의 뜻이 있습니다.

* 樂은 '노래 악'의 뜻도 있습니다. 예 악기(樂器)

예문 나는 악기들 중에서 우쿨렐레를 연주할 줄 알아.
　　 = 나는 음악 연주 기구들 중에서 우쿨렐레를 연주할 줄 알아.

📖 **교과어휘**

① **오락**(娛 樂) 즐거움을 위해 재미있게 노는 일
　　　즐길 오 즐길 락

② **악기**(樂 器) 음악을 연주하는 기구 [가을 1·2]
　　　노래 악 그릇 기

③ **악보**(樂 譜) 음악을 일정한 기호나 숫자, 문자로 기록한 표
　　　노래 악 족보 보

④ **음악가**(音 樂 家) 음악을 전문적으로 하는 사람 [국어활동 2-2]
　　　소리 음 노래 악 집 가

⑤ **국악**(國 樂) 우리나라의 전통 음악
　　　나라 국 노래 악

⑥ **타악기**(打 樂 器) 두드려서 소리를 내는 악기 [국어 3-1(가)]
　　　칠 타 노래 악 그릇 기

⑦ **관악기**(管 樂 器) 관을 불어서 소리를 내는 악기 [국어 3-1(가)]
　　　대롱 관 노래 악 그릇 기

⑧ **현악기**(絃 樂 器) 줄을 타거나 켜서 소리를 내는 악기 [국어 3-1(가)]
　　　줄 현 노래 악 그릇 기

1 다음 한자의 뜻(훈)과 소리(음)를 써 보세요.

樂　　뜻(훈): ＿＿＿＿＿＿＿＿　　소리(음): ＿＿＿＿＿＿＿＿

2 다음 뜻에 알맞은 단어를 골라 빈칸에 한글로 써 보세요.

[1] 우리나라의 전통 음악

① 樂器　　② 國樂
　　그릇 기

[2] 음악을 전문적으로 하는 사람

① 音樂家　　② 打樂器
　　　　　　　 칠 타 그릇 기

3 다음 **즐길 락** 한자를 순서대로 써 보세요.

樂 𣬈 𣬈 𣬈 𣬈 𣬈 𣬈 樂 樂
樂 樂 樂 樂 樂 樂

부수 **木** (나무목, 4획) 획수 총 15획

1	2	3	4	5	6	7
樂	樂	樂	樂	樂	樂	樂
즐길 락	즐길 락					

8	9	10	11	12	13	14
樂	樂	樂	樂	樂	樂	樂

15	16	17	18	19	20	21
樂	樂	樂				

4 다음 문장 중 빈칸에 들어갈 알맞은 단어를 골라 보세요. ⋯⋯⋯⋯⋯⋯⋯⋯⋯⋯ [   ]

> 음악 시간에 우리들은 (   )를 보며 열심히 리코더를 연주했다.

① 타악기(**打樂器**)   ② 악보(**樂譜**)   ③ 관악기(**管樂器**)
　　　칠 타　그릇 기　　　　　　족보 보　　　　　　　대롱 관　그릇 기

5 다음 낱말 중 樂 **즐길 락** 한자가 쓰인 단어는 무엇인지 2개 골라 ○표를 해 보세요.

현악기	**파악**	**악수**	**오락**
줄을 타거나 켜서 소리를 내는 악기	어떤 것을 제대로 이해하고 앎	인사의 의미로 서로 손을 마주 잡음	즐거움을 위해 재미있게 노는 일
( )	( )	( )	( )

끝난 시간 [   ]시 [   ]분 **1회 분 푸는 데 걸린 시간** [   ]분 **5문제 중** [   ]개 　3번은 정확히 다 써야 정답입니다.　스스로 붙임딱지

7주차 32회 | 樂 즐길 락 **83**

苦

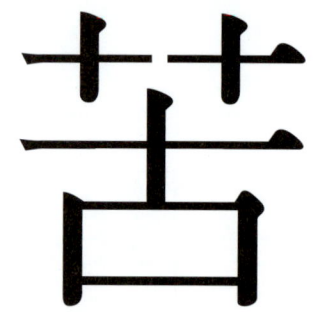
쓰다

쓸 고

쓸 고

뜻(훈) **쓸**

소리(음) **고**

영어 **painful 괴롭다**

[**쓸고**는 **쓴 풀을 먹는 모습**을 나타낸 한자입니다.]

고라고 읽으며 쓰다, 쓴 맛, 괴롭다 등의 뜻이 있습니다.

예문 콩쥐는 못된 새엄마와 팥쥐 때문에 **고생**이 많았어.

= 콩쥐는 못된 새엄마와 팥쥐 때문에 **괴로운 일**이 많았어.

📖 **교과어휘**

① **고통**(苦 痛) 몸이나 마음의 아픔 또는 괴로움 국어활동 3-1
  쓸고 아플통

② **고민**(苦 悶) 근심거리가 있어 마음속으로 괴로워하고 답답해함 국어 5-1(가)
  쓸고 답답할민

③ **고생**(苦 生) 괴로운 일. 또는 괴롭게 애씀 국어활동 1-2
  쓸고 날생

④ **생고생**(生 苦 生) 필요 없이 한 고생
  날생 쓸고 날생

⑤ **고생담**(苦 生 談) 고생을 겪은 이야기
  쓸고 날생 말씀담

⑥ **고초**(苦 楚) 아주 심한 괴로움과 힘듦 국어활동 4-2
  쓸고 회초리초

⑦ **동고동락**(同 苦 同 樂) 괴로움도 함께 하고 즐거움도 함께 함
  한가지동 쓸고 한가지동 즐길락

1 다음 한자의 뜻(훈)과 소리(음)를 써 보세요.

苦 뜻(훈): _____ 소리(음): _____

2 다음 뜻에 알맞은 단어를 골라 빈칸에 한글로 써 보세요.

[1] 필요 없이 한 고생

①苦生談 ②生苦生
  말씀 담

[2] 근심거리가 있어 마음속으로 괴로워하고 답답해함

①苦悶 ②苦楚
  답답할 민   회초리 초

3 다음 **쓸 고** 한자를 순서대로 써 보세요.

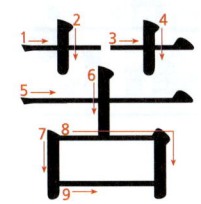

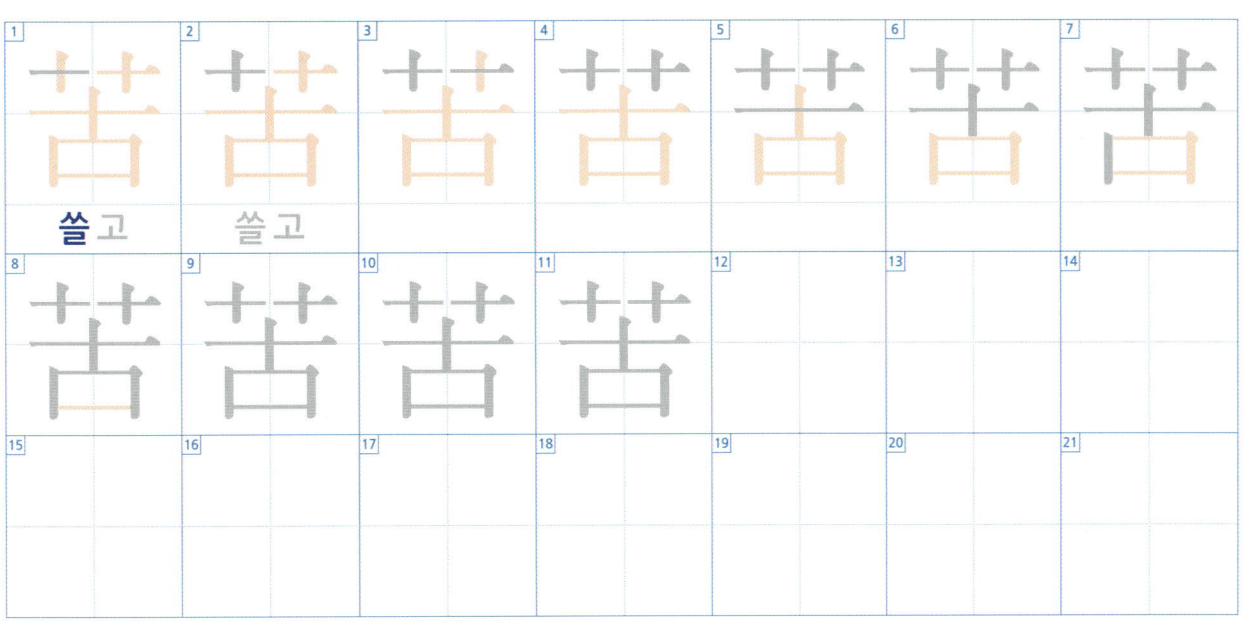

부수 **艹** (초두머리, 4획) 획수 총 9획

1 苦	2 苦	3 苦	4 苦	5 苦	6 苦	7 苦
쓸고	쓸고					
8 苦	9 苦	10 苦	11 苦	12	13	14
15	16	17	18	19	20	21

4 다음 문장 중 밑줄 친 한자의 음(音)을 써 보세요.

흥부는 다리를 다쳐 <u>苦痛</u>스러워하는 제비를 발견하고 치료해주었습니다.

(   )

5 다음 낱말 중 苦 **쓸 고** 한자가 쓰인 단어는 무엇인지 2개 골라 ○표를 해 보세요.

참고서	고생담	사고력	동고동락
학습 내용을 보충해주는 책	고생을 겪은 이야기	생각하고 깨닫는 능력	괴로움도 함께 하고 즐거움도 함께 함
( )	( )	( )	( )

끝난 시간 ☐시 ☐분 **1회 분 푸는 데 걸린 시간** ☐분 **5문제 중** ☐개 3번은 정확히 다 써야 정답입니다. 스스로 붙임딱지

幸

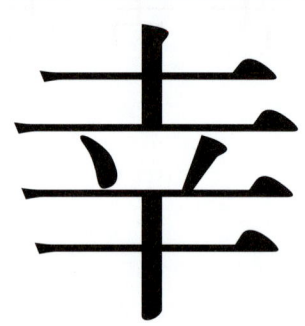   

다행이다 　　다행 · 행 　　다행 　행

뜻(훈)　　다행
소리(음)　　행
영어　luck 다행

[**다행 행**은 **죄인을 잡아 안도하는 모습**을 나타낸 한자입니다.]

행이라고 읽으며 다행이다, 다행하게 하다 등의 뜻이 있습니다.

예문　난 요즘 매일매일이 행복해!
　　　= 난 요즘 매일매일이 즐겁고 만족스러워!

📖 교과어휘

① **행복**(幸 福) 기쁨과 만족을 느낌　국어 1-1(가)
　　다행 행 복 복

② **다행**(多 幸) 걱정했던 일이 잘 풀려 마음이 놓임　국어 1-2(나)
　　많을 다 다행 행

③ **행운**(幸 運) 좋은 운수　국어 2-1(나)
　　다행 행 옮길 운

④ **불행**(不 幸) 상황이나 생활이 좋지 않아 행복하지 못함　국어활동 2-2
　　아닐 불 다행 행

⑤ **천만다행**(千 萬 多 幸) 매우 다행히도 어떤 일이 뜻밖에 잘 풀림　국어활동 3-2
　　일천 천 일만 만 많을 다 다행 행

⑥ **행복감**(幸 福 感) 생활하면서 행복을 느끼는 마음　국어활동 4-2
　　다행 행 복 복 느낄 감

⑦ **행운아**(幸 運 兒) 좋은 운수를 만나 일이 뜻대로 다 잘 풀리는 사람
　　다행 행 옮길 운 아이 아

1　다음 한자의 뜻(훈)과 소리(음)를 써 보세요.

幸　　뜻(훈): ＿＿＿＿＿＿＿　　소리(음): ＿＿＿＿＿＿＿

2　다음 뜻에 알맞은 단어를 골라 빈칸에 한글로 써 보세요.

[1] 좋은 운수

①不幸　　②幸運
　　　　　　옮길 운

[2] 걱정했던 일이 잘 풀려 마음이 놓임

①多幸　　②幸福
　　　　　　복 복

3 다음 **다행** **행** 한자를 순서대로 써 보세요.

幸 幸 幸 幸 幸 幸 幸 幸

부수 干 (방패간, 3획) 획수 총 8획

1	2	3	4	5	6	7
幸	幸	幸	幸	幸	幸	幸
다행 행	다행 행					
8	9	10	11	12	13	14
幸	幸	幸				
15	16	17	18	19	20	21

7
주

34
회

정답
133쪽

4 다음 문장 중 밑줄 친 한자의 음(音)을 써 보세요.

> 갑자기 비가 내려 걱정했는데, 가방에 우산이 있어서 <u>千萬多幸</u>이야.
>
> (   )

5 다음 낱말 중 幸 **다행** **행** 한자가 쓰인 단어는 무엇인지 2개 골라 ○표를 해 보세요.

행복감	행운아	은행	진행
생활하면서 행복을 느끼는 마음	좋은 운수를 만나 일이 뜻대로 다 잘 풀리는 사람	돈을 보관해두었다가 필요할 때 돌려주는 기관	앞을 향해 나아감
( )	( )	( )	( )

끝난 시간 ☐ 시 ☐ 분 1회 분 푸는 데 걸린 시간 ☐ 분   5문제 중 ☐ 개   3번은 정확히 다 써야 정답입니다.   스스로 붙임딱지

運

뜻(훈)　**옮길**

소리(음)　**운**

영어　shift 옮기다

옮기다

옮길 운　　運 옮길 운

[**옮길 운**은 **군대가 짐을 꾸려 이동하는 모습**을 나타낸 한자입니다.]

운이라고 읽으며 옮기다, 돌다, 움직이다 등의 뜻이 있습니다.

예문 수레를 이용하면 무거운 것도 쉽게 **운반**할 수 있어.
= 수레를 이용하면 무거운 것도 쉽게 **옮겨 나를** 수 있어.

📖 교과어휘

① **운반**(運 搬) 물건을 옮겨 나름　사회 3-1
　옮길 운 옮길 반

② **운전사**(運 轉 士) 자동차, 기차, 배 등 기계를 직접 운전하는 사람　가을 1-2
　옮길 운 구를 전 선비 사

③ **운동장**(運 動 場) 체육이나 놀이를 하도록 만든 장소　국어활동 1-1
　옮길 운 움직일 동 마당 장

④ **운동회**(運 動 會) 사람들이 모여 여러 운동 경기를 하는 행사　국어 1-2(나)
　옮길 운 움직일 동 모일 회

⑤ **독립운동가**(獨 立 運 動 家) 나라의 독립을 위해 애쓰는 사람　국어 3-1(나)
　홀로 독 설 립 옮길 운 움직일 동 집 가

⑥ **운행**(運 行) 자동차, 기차, 배 등이 정해진 시간과 방향에 따라 다님　사회 4-1
　옮길 운 다닐 행

⑦ **행운**(幸 運) 좋은 운수　국어 2-1(나)
　다행 행 옮길 운

⑧ **운명**(運 命) 정해져 있다고 믿는 앞으로의 생사나 흥망　국어 4-2(나)
　옮길 운 목숨 명

---

1 다음 한자의 뜻(훈)과 소리(음)를 써 보세요.

運　　뜻(훈): ＿＿＿＿＿＿＿＿　　소리(음): ＿＿＿＿＿＿＿＿

2 다음 뜻에 알맞은 단어를 골라 빈칸에 한글로 써 보세요.

[1] 체육이나 놀이를 하도록 만든 장소

① 運動場　② 運轉士
　　　　　　구를 전 선비 사

[2] 자동차, 기차, 배 등이 정해진 시간과 방향에 따라 다님

① 運行　　② 運命

3 다음 **옮길 운** 한자를 순서대로 써 보세요.

運 運 運 運 運 運 運 運 運
運 運 運 運

부수 辶 (책받침, 4획) 획수 총 13획

1	2	3	4	5	6	7
運	運	運	運	運	運	運
옮길 운	옮길 운					

8	9	10	11	12	13	14
運	運	運	運	運	運	運

15	16	17	18	19	20	21
運						

4 다음 문장 중 빈칸에 들어갈 알맞은 단어를 골라 보세요. ·· [   ]

> 우리나라의 수많은 (   )분들이 대한민국 독립을 위해 애쓰셨다.

① 독립운동가(獨立運動家) ② 운반(運搬)
　　　　　홀로 독　　　　　　　　　　옮길 반

③ 행운(幸運) ④ 운명(運命)

5 다음 낱말 중 運 **옮길 운** 한자가 쓰인 단어는 무엇인지 2개 골라 ○표를 해 보세요.

운율	운전사	운동회	여운
시에서 단어의 배열과 발음으로 만드는 리듬감	자동차, 기차, 배 등을 직접 운전하는 사람	사람들이 모여 여러 운동 경기를 하는 행사	잔잔하고 길게 남는 기분 좋은 느낌
( )	( )	( )	( )

● 밑줄 친 글자의 한자를 찾아 번호를 써 보세요.

고양이 목에 방울 달기

어느 **마을**에 무시무시한 고양이가 살고 있었습니다.

6

고양이가 너무 무서웠던 쥐들은 대책 회의를 열었습니다.

"고양이 때문에 먹이를 구하지도 못하겠어, 좋은 방법이 없을까?"

그때 한 쥐가 말했습니다. "고양이 목에 방울을 달자!

그럼 고양이가 **가까이** 왔을 때 우리가 방울 **소리**를 듣고 **먼저** 숨을 수

있잖아!"

그 말을 들은 쥐들은 매우 기뻐하며, 먹이를 가져올 생각에 **즐거워했습니다**.

그때 **나이** 든 쥐가 말했습니다. "누가 고양이의 목에 방울을 달 텐가?"

그러자 순식간에 조용해졌습니다. 아무도 목숨을 걸고 싶지

않았기 때문입니다.

결국 쥐들이 고양이 목에 방울을 다는 **일**은 없었습

니다.

이처럼 행동으로 **옮기지** 못 할 일을 말로 회의만

하는 것을 두고 '고양이 목에 방울 달기'라고 합니다.

보기

마을 리

① 音 ② 樂 ③ 事 ④ 老 ⑤ 運 ⑥ 里 ⑦ 近 ⑧ 先

8주차

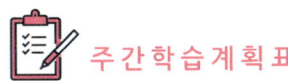 주간학습계획표

회차	학습내용		학습계획일
36회	角 **뿔**각		☐ 월 ☐ 일
37회	形 **모양**형		☐ 월 ☐ 일
38회	線 **줄**선		☐ 월 ☐ 일
39회	朴 **성씨**박		☐ 월 ☐ 일
40회	李 **오얏**리(이)		☐ 월 ☐ 일

뜻(훈)　뿔
소리(음)　각
영어　angle 각

[**뿔 각**은 **짐승의 뿔 모양**을 보고 만들었습니다.]

각이라고 읽으며 뿔, 모서리 등의 뜻이 있습니다.

예문 각도기로 각도를 재어보자.
　= 각도기로 벌어진 정도를 재어보자.

📖 교과어휘

① **삼각형**(三 角 形) 세 개의 꼭짓점과 세 개의 선분으로 이루어진 도형 `수학 2-1`
　　　석 삼　뿔 각　모양 형

② **사각형**(四 角 形) 네 개의 꼭짓점과 네 개의 선분으로 이루어진 도형 `국어 2-2(가)`
　　　넉 사　뿔 각　모양 형

③ **각도**(角 度) 한 점에서 시작된 두 선의 벌어진 정도. 또는 어떤 대상을 바라보는 방향이나 관점 `수학 4-1`
　　뿔 각 법도 도

④ **직각**(直 角) 두 직선이 만나서 이룬 각이 90도인 것 `수학 3-1`
　　곧을 직 뿔 각

⑤ **대각선**(對 角 線) 다각형에서 서로 이웃하지 않은 점을 이은 선분 `겨울 1-2`
　　대할 대　뿔 각　줄 선

⑥ **총각**(總 角) 결혼하지 않은 성인 남자 `국어 4-1(가)`
　　다 총 뿔 각

⑦ **각설탕**(角 雪 糖) 직육면체 모양의 설탕
　　뿔 각 눈 설 엿 탕

---

1 다음 한자의 뜻(훈)과 소리(음)를 써 보세요.

角　뜻(훈): _____　소리(음): _____

2 다음 뜻에 알맞은 단어를 골라 빈칸에 한글로 써 보세요.

[1] 한 점에서 시작된 두 선의 벌어진 정도

　① 總角　　② 角度
　　다 총　　　법도 도

☐ ☐

[2] 꼭짓점과 선분이 네 개인 도형

　① 對角線　　② 四角形
　　대할 대　줄 선　　　모양 형

☐ ☐ ☐

3 다음 **뿔 각** 한자를 순서대로 써 보세요.

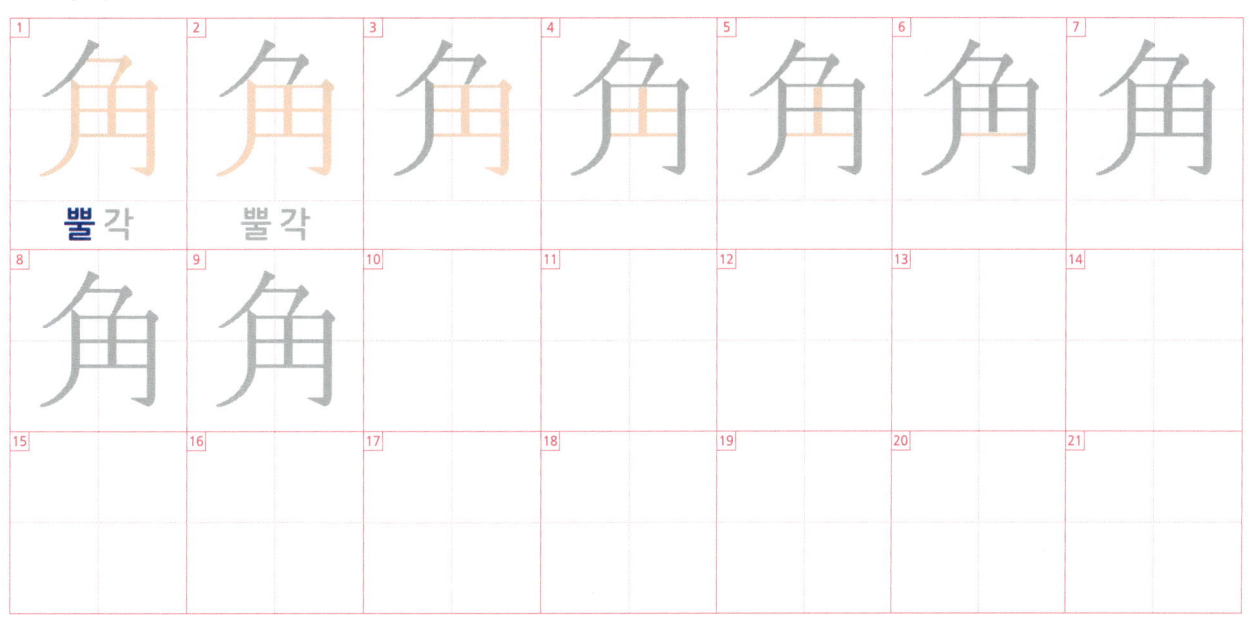

角 角 角 角 角 角 角

부수 **角** (뿔각, 7획) 획수 총 7획

1 角	2 角	3 角	4 角	5 角	6 角	7 角
뿔 각	뿔 각					

8 角	9 角	10	11	12	13	14

15	16	17	18	19	20	21

4 다음 문장 중 밑줄 친 한자의 음(音)을 써 보세요.

> 허리를 <u>直角</u>으로 핀 바른 자세로 앉아서 책을 읽어야 해.
>
> (   )

5 다음 낱말 중 角 **뿔 각** 한자가 쓰인 단어는 무엇인지 2개 골라 ○표를 해 보세요.

각오	착각	삼각형	각설탕
앞으로의 일에 대해 미리 마음을 작정함	사실과 다르게 잘못 생각함	세 개의 꼭짓점과 세 개의 선분으로 이루어진 도형	직육면체 모양의 설탕
( )	( )	( )	( )

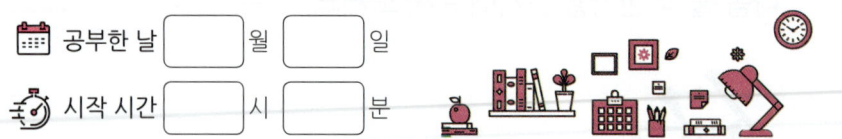

形

뜻(훈)　　모양
소리(음)　형

영어 | shape 모양

 모양 형　　 모양 형

[**모양 형**은 **평평할 견(幵)과 터럭 삼(彡)이 합쳐진 글자**로, **모양이 드러나는 물건의 모습**을 나타낸 한자입니다.]

형이라고 읽으며 모양, 형상, 몸 등의 뜻이 있습니다.

예문 나는 잘 때 인형을 안고 자.
= 나는 잘 때 동물 모양의 장난감을 안고 자.

📖 교과어휘

① **인형**(人 形) 사람이나 동물 모양의 장난감　국어 1-1(가)
　　　사람 인 모양 형
② **도형**(圖 形) 점, 선, 면이 모여 이룬 삼각형, 원, 사각형 등과 같은 것　국어 4-1(가)
　　　그림 도 모양 형
③ **형식**(形 式) 겉으로 나타나는 일정한 방식　국어 2-1(나)
　　　모양 형 법 식
④ **형태**(形 態) 물건의 생김새　국어 3-1(가)
　　　모양 형 모습 태
⑤ **변형**(變 形) 모양이나 형식, 형태가 달라짐　국어 4-2(가)
　　　변할 변 모양 형
⑥ **유형문화재**(有 形 文 化 財) 역사적, 예술적으로 문화적 가치가 높은 것으로, 구체적인 형태가 있음
　　　있을 유 모양 형 글월 문 될 화 재물 재
⑦ **무형문화재**(無 形 文 化 財) 역사적, 예술적으로 문화적 가치가 높은 것으로, 구체적인 형태가 없어
　　　없을 무 모양 형 글월 문 될 화 재물 재　그 기능을 가진 사람에게 부여함

---

1 다음 한자의 뜻(훈)과 소리(음)를 써 보세요.

形　　뜻(훈): ＿＿＿＿＿＿＿　　소리(음): ＿＿＿＿＿＿＿

2 다음 뜻에 알맞은 단어를 골라 빈칸에 한글로 써 보세요.

[1] 사람이나 동물 모양의 장난감

　① 人形　　② 變形
　　　　　　　변할 변

[2] 점, 선, 면이 모여 이룬 삼각형, 원, 사각형 등과 같은 것

　① 形式　　② 圖形
　　법식

3 다음 **모양** **형** 한자를 순서대로 써 보세요.

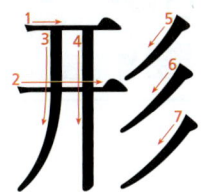

形 形 形 形 形 形 形

부수 彡(터럭삼, 3획) 획수 총 7획

1 形	2 形	3 形	4 形	5 形	6 形	7 形
모양 형	모양 형					
8 形	9 形	10	11	12	13	14
15	16	17	18	19	20	21

4 다음 문장 중 밑줄 친 한자의 음(音)을 써 보세요.

강강술래, 판소리, 탈춤 등은 우리나라의 대표적인 **無形文化財**입니다.

(   )

5 다음 낱말 중 形 **모양** **형** 한자가 쓰인 단어는 무엇인지 2개 골라 ○표를 해 보세요.

형사	균형	유형문화재	형태
범죄를 수사하고 범인을 체포하는 경찰관	어느 한쪽에 치우치지 않고 고름	역사적, 예술적으로 문화적 가치가 높은 것으로, 구체적인 형태가 있음	물건의 생김새
( )	( )	( )	( )

 끝난 시간 ☐ 시 ☐ 분 **1회 분 푸는 데 걸린 시간** ☐ 분   **5문제 중** ☐ 개 3번은 정확히 다 써야 정답입니다. **스스로 붙임딱지**

線

뜻(훈) 줄
소리(음) 선
영어 line 선

줄

줄 선

줄 선

[**줄 선**은 실 사(糸)와 샘 천(泉)이 합쳐진 글자로, 흐르는 샘물처럼 길게 이어진 실의 모습을 나타낸 한자입니다.]

선이라고 읽으며 줄, 실 등의 뜻이 있습니다.

예문 직선을 그릴 땐 자를 이용하면 쉬워.
  = 반듯한 선을 그릴 땐 자를 이용하면 쉬워.

📖 **교과어휘**

① **직선**(直 線) 곧게 뻗은 선 국어 4-1(가)
   곧을 직 줄 선
② **곡선**(曲 線) 모나지 않게 굽은 선 국어 4-1(가)
   굽을 곡 줄 선
③ **점선**(點 線) 점을 찍어 만든 선 국어 1-1(가)
   점 점 줄 선
④ **출발선**(出 發 線) 경주에서 출발할 때 서는 선 겨울 1-2
   날 출 필 발 줄 선
⑤ **수평선**(水 平 線) 바다와 하늘이 맞닿아 생기는 선
   물 수 평평할 평 줄 선
⑥ **휴전선**(休 戰 線) 휴전 협정에 따라 결정된 군사적 경계선
   쉴 휴 싸움 전 줄 선
⑦ **무선**(無 線) 전깃줄 없이 신호를 주고받는 방식 사회 3-1
   없을 무 줄 선
⑧ **시선**(視 線) 눈이 향하는 방향 국어활동 3-2
   볼 시 줄 선

1 다음 한자의 뜻(훈)과 소리(음)를 써 보세요.

線 뜻(훈): _____ 소리(음): _____

2 다음 뜻에 알맞은 단어를 골라 빈칸에 한글로 써 보세요.

[1] 점을 찍어 만든 선

①視線   ②點線
  볼시   점점

[2] 바다와 하늘이 맞닿아 생기는 선

①休戰線   ②水平線
  싸움전

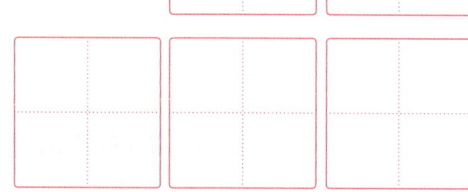

3 다음 **줄 선** 한자를 순서대로 써 보세요.

線 線 線 線 線 線 線 線 線
線 線 線 線 線 線

부수 糸 (실사변, 6획) 획수 총 15획

1 線	2 線	3 線	4 線	5 線	6 線	7 線
줄선	줄선					
8 線	9 線	10 線	11 線	12 線	13 線	14 線
15 線	16 線	17 線	18	19	20	21

4 다음 문장 중 밑줄 친 글자에 알맞은 한자를 보기에서 찾아 써 보세요.

보기   今   分   腺   線

이제부터 <u>줄</u>넘기 대회를 시작하도록 하겠습니다.

① ☐ ② ☐

5 다음 낱말 중 線 **줄 선** 한자가 쓰인 단어는 무엇인지 2개 골라 ○표를 해 보세요.

곡선	솔선수범	출발선	운동선수
모나지 않게 굽은 선	먼저 나서서 하여 다른 사람들에게 모범을 보임	경주에서 출발할 때 서는 선	운동 경기에 나가거나 재능이 있는 사람
( )	( )	( )	( )

 끝난 시간 ☐ 시 ☐ 분 **1회 분 푸는 데 걸린 시간** ☐ 분   **5문제 중** ☐ 개   3번은 정확히 다 써야 정답입니다.   **스스로 붙임딱지**

공부한 날 ☐ 월 ☐ 일
시작 시간 ☐ 시 ☐ 분

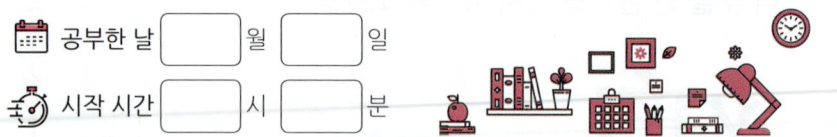

朴

성씨

성씨 박

성씨 박

뜻(훈) 성씨
소리(음) 박
영어 family name 성

[성씨 박은 **나무껍질이 갈라진 모양**을 나타낸 한자입니다.]

박이라고 읽으며 박씨, 순박하다 등의 뜻이 있습니다.

예문 만화 주인공의 순박한 매력에 빠져버렸어.
= 만화 주인공의 순수하고 솔직한 매력에 빠져버렸어.

📖 교과어휘

① **소박**(素 朴) 거짓 없이 순수함 국어활동 3-2
　　　　흴 소 성씨 박
② **순박**(淳 朴) 순수하고 솔직함
　　　　순박할 순 성씨 박
③ **박**혁거세(朴 赫 居 世) 신라를 세운 사람
　　　　성씨 박 빛날 혁 살 거 인간 세
④ **박**지원(朴 趾 源) 열하일기를 쓴 조선시대 학자
　　　　성씨 박 발 지 근원 원
⑤ **박**제상(朴 堤 上) 신라 눌지왕 때의 충신
　　　　성씨 박 둑 제 윗 상
⑥ 밀양**박씨**(密 陽 朴 氏) 경상남도 밀양이 본관인 우리나라의 성씨
　　　　빽빽할 밀 볕 양 성씨 박 성씨 씨

1 다음 한자의 뜻(훈)과 소리(음)를 써 보세요.

朴　　뜻(훈): _____　　소리(음): _____

2 다음 뜻에 알맞은 단어를 골라 빈칸에 한글로 써 보세요.

[1] 신라 눌지왕 때의 충신

① 朴趾源　　② 朴堤上
　　발지 근원원　　　둑제

[2] 경상남도 밀양이 본관인 우리나라의 성씨

① 密陽朴氏　　② 朴赫居世
　빽빽할밀　성씨씨　　빛날혁 살거

3 다음 **성씨 박** 한자를 순서대로 써 보세요.

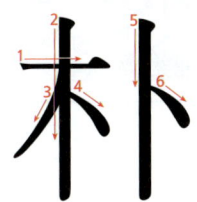

부수 **木** (나무목, 4획) 획수 총 6획

朴	朴	朴	朴	朴	朴	朴
성씨 박	성씨 박					
朴						

4 다음 문장 중 밑줄 친 글자에 알맞은 한자를 보기에서 찾아 써 보세요.

보기　　　　王　玉　朴　沐　生　土

신라를 세운 **왕**인 **박**혁거세는 알에서 **태어났어**.

① ☐　　② ☐　　③ ☐

5 다음 낱말 중 **朴 성씨 박** 한자가 쓰인 단어는 무엇인지 2개 골라 ○표를 해 보세요.

박지원	박수	박물관	순박
열하일기를 쓴 조선시대 학자	두 손뼉을 소리나게 마주침	여러 자료들을 보관하고 전시하는 곳	순수하고 솔직함
(　　)	(　　)	(　　)	(　　)

李

뜻(훈)　**오얏**
소리(음)　**리(이)**

영어　**plum 자두**

자두

오얏　리

오얏　리

[**오얏 리(이)**는 **열매를 많이 맺는 자두나무**를 나타낸 한자입니다.]

리(이)라고 읽으며 자두, 이씨 등의 뜻이 있습니다.

예문 이순신 위인전을 읽고 감동을 받았다.
= 임진왜란을 승리로 이끈 장군 위인전을 읽고 감동을 받았다.

📖 교과어휘

① **이화**(李 花) 자두나무의 꽃
　오얏 이 꽃 화
② **이순신**(李 舜 臣) 임진왜란과 정유재란을 승리로 이끈 조선시대 장군 `사회 4-1`
　오얏 이 순임금 순 신하 신
③ **이성계**(李 成 桂) 조선을 세운 왕의 본래 이름 `사회 4-1`
　오얏 이 이룰 성 계수나무 계
④ **이황**(李 滉) 호가 퇴계인 조선시대 학자 `사회 4-1`　　　　　* 호 : 편하게 부르기 위해 본명 대신 쓰는 이름
　오얏 이 깊을 황
⑤ **이이**(李 珥) 신사임당의 아들이자 호가 율곡인 조선시대 학자 `사회 3-1`
　오얏 이 귀고리 이
⑥ **이중섭**(李 仲 燮) 소를 주로 많이 그린 우리나라의 대표적인 서양화가
　오얏 이 버금 중 불꽃 섭

---

1 다음 한자의 뜻(훈)과 소리(음)를 써 보세요.

李　　뜻(훈): _____　　소리(음): _____

2 다음 뜻에 알맞은 단어를 골라 빈칸에 한글로 써 보세요.

[1] 신사임당의 아들이자 호가 율곡인 조선시대 학자

①李珥　　②李花
　귀고리 이

[2] 조선을 세운 왕의 본래 이름

①李舜臣　　②李成桂
　순임금 순 신하 신　계수나무 계

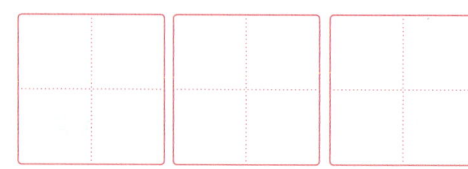

3 다음 **오얏 리** 한자를 순서대로 써 보세요.

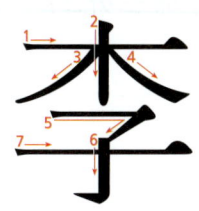

李 李 李 李 李 李 李

부수 **木** (나무목, 4획) 획수 총 7획

1	2	3	4	5	6	7
李	李	李	李	李	李	李
오얏 리	오얏 리					
8	9	10	11	12	13	14
李	李					
15	16	17	18	19	20	21

4 다음 문장 중 밑줄 친 글자에 알맞은 한자를 보기에서 찾아 써 보세요.

보기

李　字　多　夕　時代　時間

이순신은 일본과의 수**많은** 싸움에서 승리한 조선**시대** 장군이다.

① 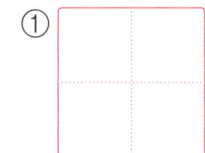　② 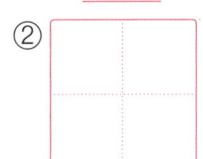　③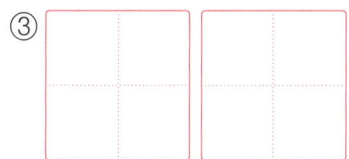

5 다음 낱말 중 李 **오얏 리** 한자가 쓰인 단어는 무엇인지 2개 골라 ○표를 해 보세요.

이사	이중섭	수리	이황
새로운 곳으로 집을 옮김	소를 주로 많이 그린 우리나라의 서양화가	물건이나 건물을 고침	호가 퇴계인 조선시대 학자
(　　)	(　　)	(　　)	(　　)

끝난 시간 [　]시 [　]분 **1회 분 푸는 데 걸린 시간** [　]분　5문제 중 [　]개　3번은 정확히 다 써야 정답입니다.　스스로 붙임딱지

● 다음 설명에 맞는 한자에 동그라미 쳐보세요.

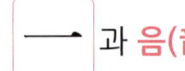 　一　과 음(音)이 같은 한자

1 　角　과 음(音)이 같은 한자

2 　形　과 음(音)이 같은 한자

3 　李　와 음(音)이 같은 한자

9주차

 주간학습계획표

회차	학습내용	학습계획일
41회	使 하여금 사	☐ 월 ☐ 일
42회	用 쓸 용	☐ 월 ☐ 일
43회	庭 뜰 정	☐ 월 ☐ 일
44회	園 동산 원	☐ 월 ☐ 일
45회	窓 창 창	☐ 월 ☐ 일

 공부한 날 ☐ 월 ☐ 일

시작 시간 ☐ 시 ☐ 분

使

 하게 하다

 하여금 **사**

 하여금 **사**

뜻(훈) **하여금**

소리(음) **사**

영어 **let** 하게 하다

[**하여금 사**는 **아랫사람에게 시키는 모습**을 나타낸 한자입니다.]

사라고 읽으며 부리다, 시키다 등의 뜻이 있습니다.

예문 물건을 **사용**한 후에는 제자리에 둬야 해.
= 물건을 **쓰고** 난 후에는 제자리에 둬야 해.

📖 교과어휘

① **사용**(使 用) 어떤 것을 필요한 곳에 씀 `국어 1-1(가)`
　　 하여금 사 쓸 용

② **천사**(天 使) 하늘에 사는 신의 심부름꾼. 또는 몹시 착한 사람을 비유하는 말 `국어 2-2(나)`
　　 하늘 천 하여금 사

③ **사신**(使 臣) 임금의 명령으로 외국에 다녀오는 신하 `국어활동 3-2`
　　 하여금 사 신하 신

④ **사용료**(使 用 料) 어떤 물건이나 시설을 사용하는 값
　　 하여금 사 쓸 용 헤아릴 료

⑤ **사용자**(使 用 者) 어떤 물건을 쓰는 사람
　　 하여금 사 쓸 용 놈 자

⑥ **대사관**(大 使 館) 다른 나라에서 자신의 나라를 대표하는 일을 하는 곳
　　 큰 대 하여금 사 집 관

⑦ **홍보대사**(弘 報 大 使) 어떤 것을 대표하여 알리도록 임명된 사람
　　 클 홍 알릴 보 큰 대 하여금 사

1　다음 한자의 뜻(훈)과 소리(음)를 써 보세요.

使　　뜻(훈): ＿＿＿＿＿＿＿＿　　소리(음): ＿＿＿＿＿＿＿＿

2　다음 뜻에 알맞은 단어를 골라 빈칸에 한글로 써 보세요.

[1] 하늘에 사는 신의 심부름꾼

① 天使　　② 使用
　　　　　　 쓸 용

[2] 어떤 물건을 쓰는 사람

① 大使館　　② 使用者
　　 집 관　　　　 쓸 용

3 다음 **하여금 사** 한자를 순서대로 써 보세요.

使 使 使 使 使 使 使

부수 亻(사람인변, 2획) 획수 총 8획

1 使	2 使	3 使	4 使	5 使	6 使	7 使
하여금 사	하여금 사					
8 使	9 使	10 使	11	12	13	14
15	16	17	18	19	20	21

4 다음 문장 중 빈칸에 공통으로 들어갈 알맞은 단어를 골라 보세요. ·························· [　　　]

> (　　　)은/는 왕의 명령으로 외국에 다녀오는 신하입니다. 과거에는 우리나라에 외국의
> (　　　)이/가 오면 나라에서 크게 대접했습니다.

① 사용 (使用)　　　　　② 천사 (天使)　　　　　③ 사신 (使臣)
　　　　쓸 용　　　　　　　　　　　　　　　　　　　　　　　　　신하 신

5 다음 낱말 중 使 **하여금 사** 한자가 쓰인 단어는 무엇인지 2개 골라 ○표를 해 보세요.

사차원	홍보대사	사용료	조종사
엉뚱한 성격을 비유하는 말	어떤 것을 대표하여 알리도록 임명된 사람	어떤 물건이나 시설을 사용하는 값	비행기를 조종하는 사람
(　　　)	(　　　)	(　　　)	(　　　)

9주
41회
정답 135쪽

⏰ **끝난 시간** [　] 시 [　] 분　**1회 분 푸는 데 걸린 시간** [　] 분　⭐ **5문제 중** [　] 개　3번은 정확히 다 써야 정답입니다.　스스로 붙임딱지

用

 쓰다

 쓸 용

 쓸 용

뜻(훈) **쓸**

소리(음) **용**

영어 use 쓰다

[**쓸 용**은 **물건을 넣을 수 있게 나무로 만든 바구니의 모양**을 보고 만들었습니다.]

용이라고 읽으며 쓰다, 행하다, 일하다 등의 뜻이 있습니다.

예문 정선이는 용돈을 계획적으로 사용하기 위해 용돈기입장을 쓴다.
   = 정선이는 용돈을 계획적으로 쓰기 위해 용돈기입장을 쓴다.

📖 **교과어휘**

① **사용**(使 用) 어떤 것을 필요한 곳에 씀 국어 1-1(가)
   하여금 사 쓸 용
② **이용**(利 用) 이로움을 얻기 위해 사용함 국어 1-2(나)
   이로울 이 쓸 용
③ **식용유**(食 用 油) 음식을 요리하는 데 사용하는 기름 국어활동 3-2
   밥 식 쓸 용 기름 유
④ **재활용**(再 活 用) 낡거나 못 쓰게 된 물건을 손질하여 다시 이용함 겨울 1-2
   두 재 살 활 쓸 용
⑤ **일회용**(一 回 用) 한 번만 쓰고 버리는 것 국어 3-1(나)
   한 일 돌아올 회 쓸 용
⑥ **승용차**(乘 用 車) 사람이 타고 다니는 차 사회 3-1
   탈 승 쓸 용 수레 차
⑦ **생활용품**(生 活 用 品) 일상생활에 쓰이는 물건들 사회 4-1
   날 생 살 활 쓸 용 물건 품
⑧ **용도**(用 途) 물건이나 돈이 쓰이는 방식 국어 4-1(나)
   쓸 용 길 도

1 다음 한자의 뜻(훈)과 소리(음)를 써 보세요.

用   뜻(훈): _____   소리(음): _____

2 다음 뜻에 알맞은 단어를 골라 빈칸에 한글로 써 보세요.

[1] 이로움을 얻기 위해 사용함

①利用   ②用途
 이로울 이   길 도

[2] 음식을 요리하는 데 사용하는 기름

①乘用車   ②食用油
 탈 승

3 다음 쓸 용 한자를 순서대로 써 보세요.

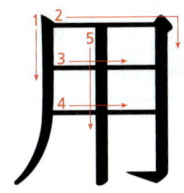

用 用 用 用 用

부수 用 (쓸용, 5획) 획수 총 5획

1 用	2 用	3 用	4 用	5 用	6 用	7 用
쓸용	쓸용					
8	9	10	11	12	13	14
15	16	17	18	19	20	21

4 다음 문장 중 밑줄 친 한자의 음(音)을 써 보세요.

환경을 지키기 위해서 一回用 물건의 사용을 줄여야 해.

(   )

5 다음 낱말 중 用 쓸 용 한자가 쓰인 단어는 무엇인지 2개 골라 ○표를 해 보세요.

용서 잘못을 너그러이 봐줌	미용실 머리를 아름답게 꾸며주는 곳	재활용 낡거나 못 쓰게 된 물건을 손질하여 다시 이용함	생활용품 일상생활에 쓰이는 물건들
( )	( )	( )	( )

9주

42회

정답
135쪽

끝난 시간 [ ]시 [ ]분 1회 분 푸는 데 걸린 시간 [ ]분 5문제 중 [ ]개 3번은 정확히 다 써야 정답입니다. 스스로 붙임딱지

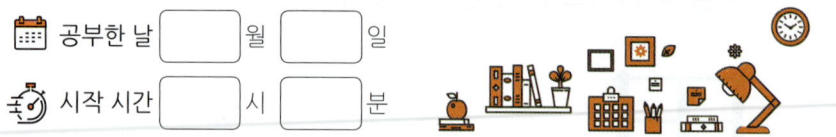

庭

뜻(훈) **뜰**

소리(음) **정**

영어 **yard 뜰**

뜰

뜰 정

庭 뜰 정

[**뜰 정**은 **집에 있는 뜰의 모습**을 나타낸 한자입니다.]

정이라고 읽으며 뜰, 집안, 장소 등의 뜻이 있습니다.

예문 정원사께서 나뭇가지를 다듬고 계신다.
= 정원의 나무를 가꾸는 분께서 나뭇가지를 다듬고 계신다.

📖 **교과어휘**

① **가정**(家 庭) 한 가족으로서의 생활 공동체 집단 국어4-1(가)
　　집 가 뜰 정

② **친정**(親 庭) 결혼한 여자의 본집 국어활동4-2
　　친할 친 뜰 정

③ **정원**(庭 園) 집 안에 있는 꽃밭이나 뜰 국어2-2(나)
　　뜰 정 동산 원

④ **정원사**(庭 園 師) 정원의 나무를 키우고 가꾸는 사람 국어3-2(가)
　　뜰 정 동산 원 스승 사

⑤ **가정주부**(家 庭 主 婦) 가정의 살림살이를 도맡아 하는 살림 주인
　　집 가 뜰 정 주인 주 며느리 부

⑥ **가정학습**(家 庭 學 習) 학교의 숙제를 집에서 익히는 학습
　　집 가 뜰 정 배울 학 익힐 습

⑦ **가정통신문**(家 庭 通 信 文) 학교의 소식을 가정에 알리는 알림문
　　집 가 뜰 정 통할 통 믿을 신 글월 문

---

1 다음 한자의 뜻(훈)과 소리(음)를 써 보세요.

庭　뜻(훈): _____　소리(음): _____

2 다음 뜻에 알맞은 단어를 골라 빈칸에 한글로 써 보세요.

[1] 한 가족으로서의 생활 공동체 집단

①親庭　　②家庭
　친할 친

[2] 학교의 숙제를 집에서 익히는 학습

①家庭學習　②家庭主婦
　　익힐 습　　　며느리 부

3 다음 **뜰** 정 한자를 순서대로 써 보세요.

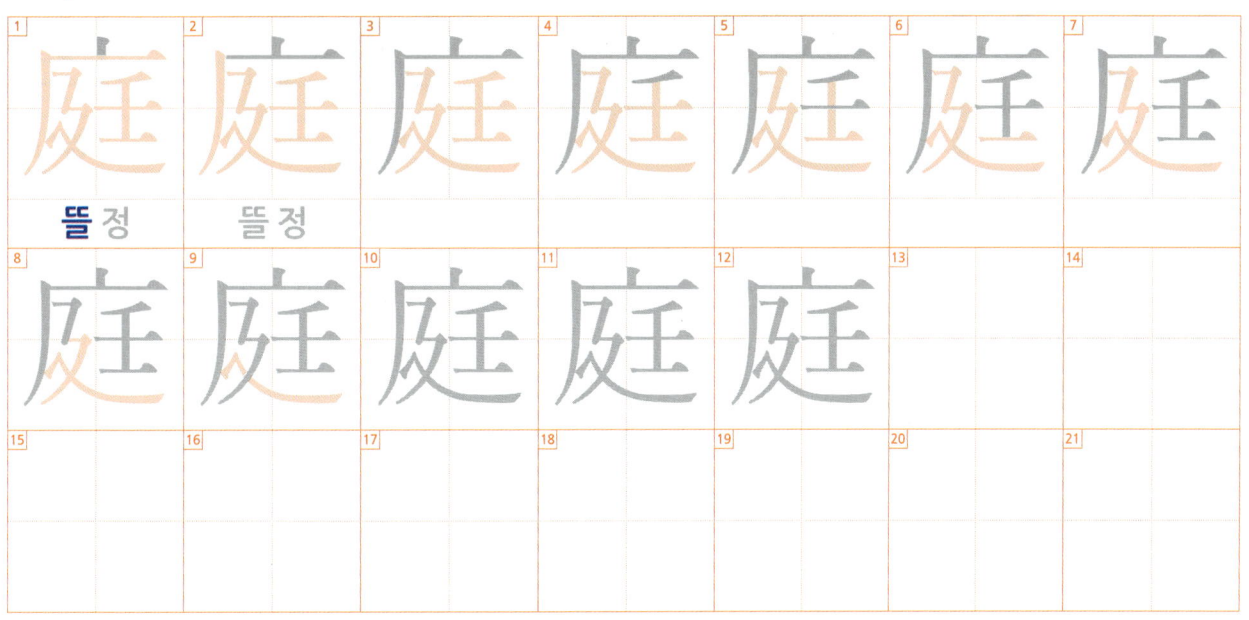

부수 广 (엄호, 3획) 획수 총 10획

庭	庭	庭	庭	庭	庭	庭
뜰 정	뜰 정					
庭	庭	庭	庭	庭		

4 다음 문장 중 밑줄 친 한자의 음(音)을 써 보세요.

봄이 되니 **庭園**에 노란 개나리가 활짝 피었다.

(　　　　　)

5 다음 낱말 중 庭 **뜰** 정 한자가 쓰인 단어는 무엇인지 2개 골라 ○표를 해 보세요.

정직	다정	가정통신문	정원사
사람의 마음이 곧고 거짓이 없음	정이 많아 정을 많이 베풂	학교의 소식을 가정에 알리는 알림문	정원의 나무를 키우고 가꾸는 사람
(　　　)	(　　　)	(　　　)	(　　　)

⏰ 끝난 시간 [　]시 [　]분 **1회 분 푸는 데 걸린 시간** [　]분 📋 **5문제 중** [　]개 3번은 정확히 다 써야 정답입니다. 스스로 붙임딱지

9주
43회
정답 135쪽

園

 동산

 동산 원

 동산 원

뜻(훈) **동산**

소리(음) **원**

영어 **park 공원**

[**동산 원**은 **사람이 공원에 있는 모습**을 나타낸 한자입니다.]

원이라고 읽으며 동산, 정원, 뜰, 구역 등의 뜻이 있습니다.

예문 봄이 되면 정원에는 예쁜 꽃들이 핀다.
= 봄이 되면 꽃밭에는 예쁜 꽃들이 핀다.

📖 **교과어휘**

① **정원**(庭 園) 집 안에 있는 꽃밭이나 뜰 국어 2-2(나)
　　뜰 정 동산 원

② **공원**(公 園) 여러 사람이 이용할 수 있도록 마련된 정원이나 동산 국어 1-2(가)
　　공평할 공 동산 원

③ **유치원**(幼 稚 園) 초등학교 들어가기 전의 아이들을 보살피는 교육 기관 국어 5-1(나)
　　어릴 유 어릴 치 동산 원

④ **동물원**(動 物 園) 여러 동물들을 모아 기르면서 사람들이 구경할 수 있도록 한 곳 국어활동 1-1
　　움직일 동 물건 물 동산 원

⑤ **식물원**(植 物 園) 여러 식물들을 모아 기르면서 사람들이 구경할 수 있도록 한 곳 사회 4-1
　　심을 식 물건 물 동산 원

⑥ **과수원**(果 樹 園) 열매가 열리는 나무를 재배하는 곳 국어 2-2(가)
　　실과 과 나무 수 동산 원

⑦ **화원**(花 園) 꽃을 심은 동산 국어 3-1(가)
　　꽃 화 동산 원

⑧ **원두막**(園 頭 幕) 참외나 수박 등을 심은 밭을 지키기 위해 지은 곳
　　동산 원 머리 두 장막 막

1 다음 한자의 뜻(훈)과 소리(음)를 써 보세요.

園　뜻(훈): _____　소리(음): _____

2 다음 뜻에 알맞은 단어를 골라 빈칸에 한글로 써 보세요.

[1] 여러 사람이 이용할 수 있도록 마련된 정원이나 동산

① 公園　　② 花園

☐ ☐

[2] 열매가 열리는 나무를 재배하는 곳

① 果樹園　　② 動物園
　실과 과 나무 수

☐ ☐ ☐

3 다음 **동산 원** 한자를 순서대로 써 보세요.

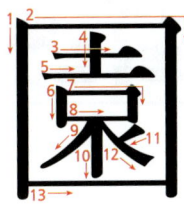

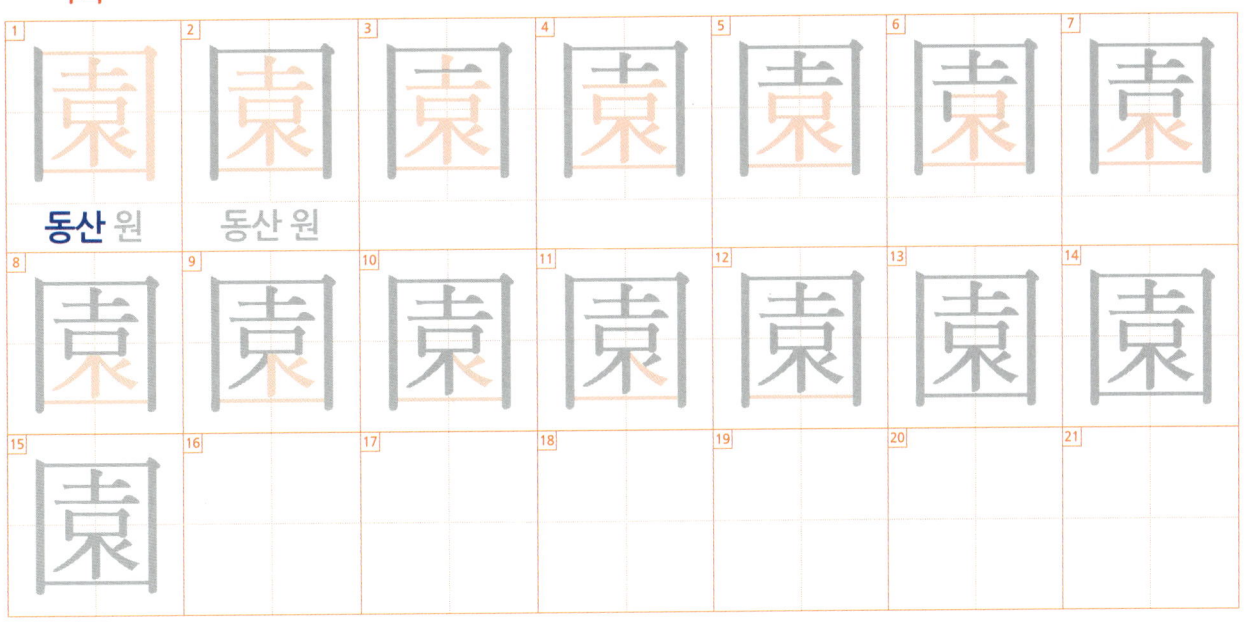

부수 口 (큰입구몸, 3획) 획수 총 13획

¹ 園	² 園	³ 園	⁴ 園	⁵ 園	⁶ 園	⁷ 園
동산 원	동산 원					
⁸ 園	⁹ 園	¹⁰ 園	¹¹ 園	¹² 園	¹³ 園	¹⁴ 園
¹⁵ 園	¹⁶	¹⁷	¹⁸	¹⁹	²⁰	²¹

4 다음 문장 중 밑줄 친 한자의 음(音)을 써 보세요.

植物<u>園</u>에는 처음 보는 다양한 종류의 신기한 식물들이 많이 있다.

(   )

5 다음 낱말 중 園 **동산 원** 한자가 쓰인 단어는 무엇인지 2개 골라 ○표를 해 보세요.

원두막	유치원	병원	소원
참외나 수박 등을 심은 밭을 지키기 위해 지은 곳	초등학교 들어가기 전의 아이들을 보살피는 교육 기관	병든 사람을 진찰하고 치료하는 곳	원하고 바라는 것
( )	( )	( )	( )

⏰ **끝난 시간** [ ] 시 [ ] 분 **1회 분 푸는 데 걸린 시간** [ ] 분 📋 **5문제 중** [ ] 개   3번은 정확히 다 써야 정답입니다.   **스스로 붙임딱지**

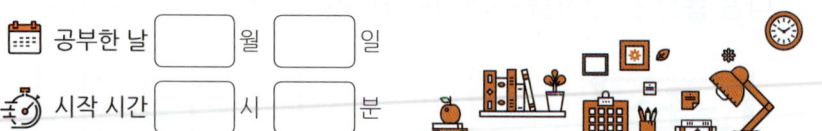

窓

뜻(훈)　**창**
소리(음)　**창**

영어　**window 창문**

창문

창 창

窓
창 창

[**창 창**은 **큰 창문의 모양**을 보고 만들었습니다.]

창이라고 읽으며 창, 창문, 굴뚝 등의 뜻이 있습니다.

예문 유정이는 유리창에 입김을 후 불었다.
= 유정이는 유리로 된 창문에 입김을 후 불었다.

📖 교과어휘

① **창문**(窓 門) 공기나 빛이 통할 수 있도록 벽에 만든 작은 문　국어활동 1-2
　　　창 창 문 문
② **유리창**(琉 璃 窓) 유리판을 단 창문　국어활동 1-2
　　　유리 유 유리 리 창 창
③ **차창**(車 窓) 차의 창문　국어활동 3-2
　　　수레 차 창 창
④ **창호지**(窓 戶 紙) 창문에 바르는 종이　국어 3-1(나)
　　　창 창 집 호 종이 지
⑤ **검색창**(檢 索 窓) 인터넷에서 정보를 찾기 위해 원하는 말을 입력하는 공간　사회 3-1
　　　검사할 검 찾을 색 창 창
⑥ **동창회**(同 窓 會) 같은 학교를 졸업한 사람들이 함께 만나는 모임
　　　한가지 동 창 창 모일 회
⑦ **창구**(窓 口) 창을 사이에 두고 손님과 직원이 대화하는 곳　가을 1-2
　　　창 창 입 구

---

1 다음 한자의 뜻(훈)과 소리(음)를 써 보세요.

窓　뜻(훈): ＿＿＿＿＿＿＿＿＿　소리(음): ＿＿＿＿＿＿＿＿＿

2 다음 뜻에 알맞은 단어를 골라 빈칸에 한글로 써 보세요.

[1] 공기나 빛이 통할 수 있도록 벽에 만든 작은 문

①車窓　　②窓門

[2] 같은 학교를 졸업한 사람들이 함께 만나는 모임

①同窓會　②檢索窓
　　　　　검사할 검 찾을 색

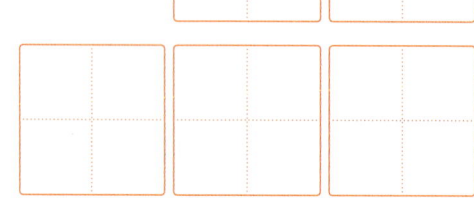

3 다음 **창 창** 한자를 순서대로 써 보세요.

窓 窓 窓 窓 窓 窓 窓 窓 窓 窓 窓

부수 穴 (구멍혈, 5획) 획수 총 11획

1 窓	2 窓	3 窓	4 窓	5 窓	6 窓	7 窓
창 창	창 창					
8 窓	9 窓	10 窓	11 窓	12 窓	13 窓	14 窓
15	16	17	18	19	20	21

4 다음 문장 중 밑줄 친 부분을 한자어로 써 보세요.

> 호랑이가 어느 오누이의 집에 가서 "문을 열어다오, 엄마란다."라고 말했습니다. 그러자 오누이는 엄마인지 확인할 수 있도록 손을 보여달라고 했습니다. 호랑이가 **창문에 바르는 종이**를 뚫고 손을 보여주자, 오누이는 호랑이임을 알아채고 무사히 뒷문으로 도망쳤습니다.

창문에 바르는 종이 = [ ] [戶] [ ]

5 다음 낱말 중 窓 **창 창** 한자가 쓰인 단어는 무엇인지 2개 골라 ○표를 해 보세요.

유리창	합창	창의력	창구
유리판을 단 창문	여러 사람들이 여러 음을 함께 부름	기발하고 새로운 생각을 해내는 능력	창을 사이에 두고 손님과 직원이 대화하는 곳
( )	( )	( )	( )

9주
45회
정답 135쪽

 끝난 시간 [ ]시 [ ]분 **1회 분 푸는 데 걸린 시간** [ ]분  **5문제 중** [ ]개 3번은 정확히 다 써야 정답입니다. **스스로 붙임딱지**

● 설명에 맞는 한자어를 빈칸에 한글로 써 보세요.

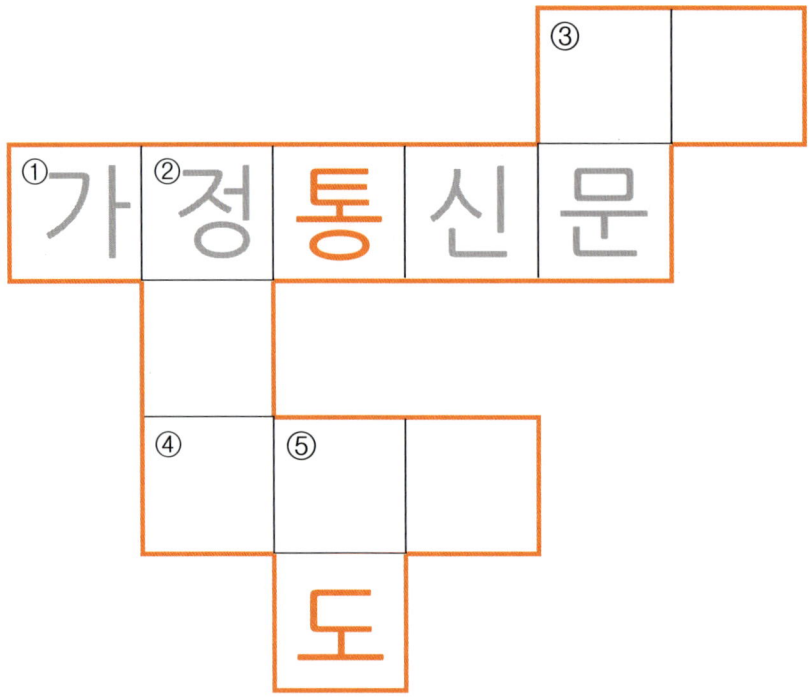

가로

가정통신문

① 家庭通信文
통할 통

학교의 소식을 가정에 알리는 알림문

③ 窓口

창을 사이에 두고 손님과 직원이 대화하는 곳

④ 使用者

어떤 물건을 쓰는 사람

세로

② 庭園師
스승 사

정원의 나무를 키우고 가꾸는 사람

③ 窓門

공기나 빛이 통할 수 있도록 벽에 만든 작은 문

⑤ 用途
길 도

물건이나 돈이 쓰이는 방식

10주차

 주간학습계획표

회차	학습내용	학습계획일
46회	英 꽃부리 영	☐ 월 ☐ 일
47회	才 재주 재	☐ 월 ☐ 일
48회	美 아름다울 미	☐ 월 ☐ 일
49회	術 재주 술	☐ 월 ☐ 일
50회	神 귀신 신	☐ 월 ☐ 일

뜻(훈)　　꽃부리
소리(음)　영

영어 corolla 꽃부리

꽃부리 영

꽃부리 영

[**꽃부리 영**은 **활짝 핀 꽃의 모습**을 나타낸 한자입니다.]

* 꽃부리 : 꽃 한 송이에 있는 꽃잎 전부를 이르는 말

영이라고 읽으며 꽃, 뛰어나다 등의 뜻이 있습니다.

예문 주몽은 어려서부터 영특한 아이였다.
= 주몽은 어려서부터 남들보다 특히 똑똑한 아이였다.

📖 교과어휘

① **영어**(英 語) 영국, 미국 등에서 쓰며 전 세계에서 대표적으로 널리 사용되는 언어 〔국어 2-2(나)〕
　　꽃부리 영 말씀 어
② **영국**(英 國) 유럽에 위치하고 수도가 런던인 나라 〔사회 3-1〕
　　꽃부리 영 나라 국
③ **영웅**(英 雄) 재능과 지혜가 뛰어나 세상을 구하거나 다스릴 수 있는 사람 〔국어 4-2(가)〕
　　꽃부리 영 수컷 웅
④ **영재**(英 才) 뛰어난 재주를 가진 사람
　　꽃부리 영 재주 재
⑤ **영특**(英 特) 남들보다 특히 똑똑함 〔국어활동 4-2〕
　　꽃부리 영 특별할 특
⑥ **장영실**(蔣 英 實) 조선시대 세종대왕 때의 과학자로, 측우기와 자격루 등 여러 발명품을 만듦 〔국어활동 4-1〕
　　성씨 장 꽃부리 영 열매 실
⑦ **영한사전**(英 韓 辭 典) 영어를 한국어로 풀어놓은 사전
　　꽃부리 영 한국 한 말씀 사 법 전
⑧ **영문학과**(英 文 學 科) 영어와 영문을 연구하고 공부하는 학과
　　꽃부리 영 글월 문 배울 학 과목 과

---

1 다음 한자의 뜻(훈)과 소리(음)를 써 보세요.

英　　뜻(훈): _____　　소리(음): _____

2 다음 뜻에 알맞은 단어를 골라 빈칸에 한글로 써 보세요.

[1] 세상을 구하거나 다스릴 수 있는 사람

①英才　　　②英雄
　재주 재　　　수컷 웅

[2] 유럽에 위치하고 수도가 런던인 나라

①英國　　　②英特
　　　　　　特별할 특

3 다음 **꽃부리 영** 한자를 순서대로 써 보세요.

英 英 英 英 英 英 英 英 英

부수 艹 (초두머리, 4획) 획수 총 9획

1 英	2 英	3 英	4 英	5 英	6 英	7 英
꽃부리 영	꽃부리 영					
8 英	9 英	10 英	11 英	12	13	14
15	16	17	18	19	20	21

4 다음 문장 중 밑줄 친 한자의 음(音)을 써 보세요.

한글은 ㄱ, ㄴ, ㄷ 순서대로, 英語는 a, b, c 순서대로 책을 정리해 주세요.

(   )

5 다음 낱말 중 英 **꽃부리 영** 한자가 쓰인 단어는 무엇인지 2개 골라 ○표를 해 보세요.

영한사전	영수증	영토	영문학과
영어를 한국어로 풀어놓은 사전	돈이나 물건을 사고 받은 표시로 남기는 문서	한 나라가 다스리는 땅	영어와 영문을 연구하고 공부하는 학과
( )	( )	( )	( )

끝난 시간 ☐ 시 ☐ 분 1회 분 푸는 데 걸린 시간 ☐ 분 5문제 중 ☐ 개 3번은 정확히 다 써야 정답입니다. 스스로 붙임딱지

才

재주

재주 재

재주 재

뜻(훈)   재주
소리(음)   재
영어   talent 재주

[**재주 재는 힘차게 자라나는 새싹처럼 사람의 능력도 클 수 있음**을 나타낸 한자입니다.]

재라고 읽으며 재주, 재능이 있는 사람 등의 뜻이 있습니다.

예문 한자를 47개나 외우다니, 난 천재인가 봐!
= 한자를 47개나 외우다니, 난 뛰어난 사람인가 봐!

📖 교과어휘

① **천재**(天 才) 보통 사람보다 훨씬 뛰어난 재주나 재능을 타고난 사람 국어활동 2-2
하늘 천 재주 재

② **수재**(秀 才) 똑똑하고 재능이 뛰어난 사람
빼어날 수 재주 재

③ **재능**(才 能) 재주과 능력을 함께 이르는 말 국어 4-1(가)
재주 재 능할 능

④ **영재**(英 才) 뛰어난 재주를 가진 사람
꽃부리 영 재주 재

⑤ **재롱**(才 弄) 어린 아이의 귀여운 행동이나 말
재주 재 희롱할 롱

⑥ **재치**(才 致) 눈치 빠르고 슬기롭게 일을 처리하는 재주
재주 재 이를 치

⑦ **다재다능**(多 才 多 能) 여러 가지의 재능과 능력이 있음
많을 다 재주 재 많을 다 능할 능

---

1 다음 한자의 뜻(훈)과 소리(음)를 써 보세요.

才   뜻(훈): ＿＿＿＿＿＿＿＿   소리(음): ＿＿＿＿＿＿＿＿

2 다음 뜻에 알맞은 단어를 골라 빈칸에 한글로 써 보세요.

[1] 어린 아이의 귀여운 행동이나 말

① 才弄   ② 天才
희롱할 롱

[2] 뛰어난 재주를 가진 사람

① 英才   ② 才致
이를 치

3 다음 **재주 재** 한자를 순서대로 써 보세요.

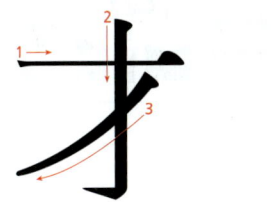

才 才 才

부수 **扌** (재방변, 3획) 획수 총 3획

1 才	2 才	3 才	4 才	5 才	6	7
재주 재	재주 재					

8	9	10	11	12	13	14

15	16	17	18	19	20	21

4 다음 문장 중 밑줄 친 부분이 뜻하는 단어를 골라 보세요. ····························· [   ]

지수는 노래도 잘 부르고 그림도 잘 그리는 **여러 가지 재능과 능력이 있는** 친구야.

① 재치(**才致**)   ② 수재(**秀才**)   ③ 재롱(**才弄**)   ④ 다재다능(**多才多能**)
　　 이룰 치 　　　　 빼어날 수 　　　　　　 희롱할 롱 　　　　　　 능할 능

5 다음 낱말 중 **才 재주 재** 한자가 쓰인 단어는 무엇인지 2개 골라 ○표를 해 보세요.

존재	재능	재치	잠재력
현실에 실제로 있음	재주와 능력을 함께 이르는 말	눈치 빠르고 슬기롭게 일을 처리하는 재주	속에 숨겨져 있는 힘
( )	( )	( )	( )

끝난 시간 [   ]시 [   ]분 **1회 분 푸는 데 걸린 시간** [   ]분   **5문제 중** [   ]개   3번은 정확히 다 써야 정답입니다.   **스스로 붙임딱지**

美

아름답다

아름다울 미

아름다울 미

뜻(훈) 　아름다울
소리(음) 　미

영어 　beautiful 아름답다

[**아름다울 미**는 큰 대(大)와 양 양(羊)이 합쳐진 글자로, 크고 살찐 양을 아름답게 여기던 **모습**을 나타낸 한자입니다.]

미라고 읽으며 아름답다, 좋다 등의 뜻이 있습니다.

예문 미술 시간에 크레파스로 강아지를 그렸어.
　＝ 그리기 시간에 크레파스로 강아지를 그렸어.

📖 **교과어휘**

① **미**술(美 術) 아름다움을 표현하는 예술　국어활동 1-2
　　아름다울 미 재주 술
② **미**술관(美 術 館) 여러 미술품을 보관하며 사람들에게 전시하는 곳　국어활동 3-2
　　아름다울 미 재주 술 집 관
③ **미**인(美 人) 아름다운 사람
　　아름다울 미 사람 인
④ 전통**미**(傳 統 美) 전통적인 것의 아름다움
　　전할 전 거느릴 통 아름다울 미
⑤ **미**국(美 國) 북아메리카 대륙에 위치하고 수도가 워싱턴인 나라　겨울 2-2
　　아름다울 미 나라 국
⑥ **미**용실(美 容 室) 머리를 아름답게 꾸며주는 곳　가을 1-2
　　아름다울 미 얼굴 용 집 실
⑦ **미**용사(美 容 師) 머리와 얼굴을 가꿔주는 직업　국어활동 1-2
　　아름다울 미 얼굴 용 스승 사
⑧ 환경**미**화원(環 境 美 化 員) 도로나 건물 등을 청소하는 직업　가을 1-2
　　고리 환 지경 경 아름다울 미 될 화 인원 원

---

1 다음 한자의 뜻(훈)과 소리(음)를 써 보세요.

美 　뜻(훈): ＿＿＿＿＿＿＿＿＿＿ 소리(음): ＿＿＿＿＿＿＿＿＿＿

2 다음 뜻에 알맞은 단어를 골라 빈칸에 한글로 써 보세요.

[1] 아름다운 사람

①美國　　②美人

[2] 전통적인 것의 아름다움

①傳統美　　②美術館
　전할 전 거느릴 통　　재주 술 집관

3 다음 **아름다울 미** 한자를 순서대로 써 보세요.

美 美 美 美 美 美 美 美 美

부수 羊 (양양, 6획) 획수 총 9획

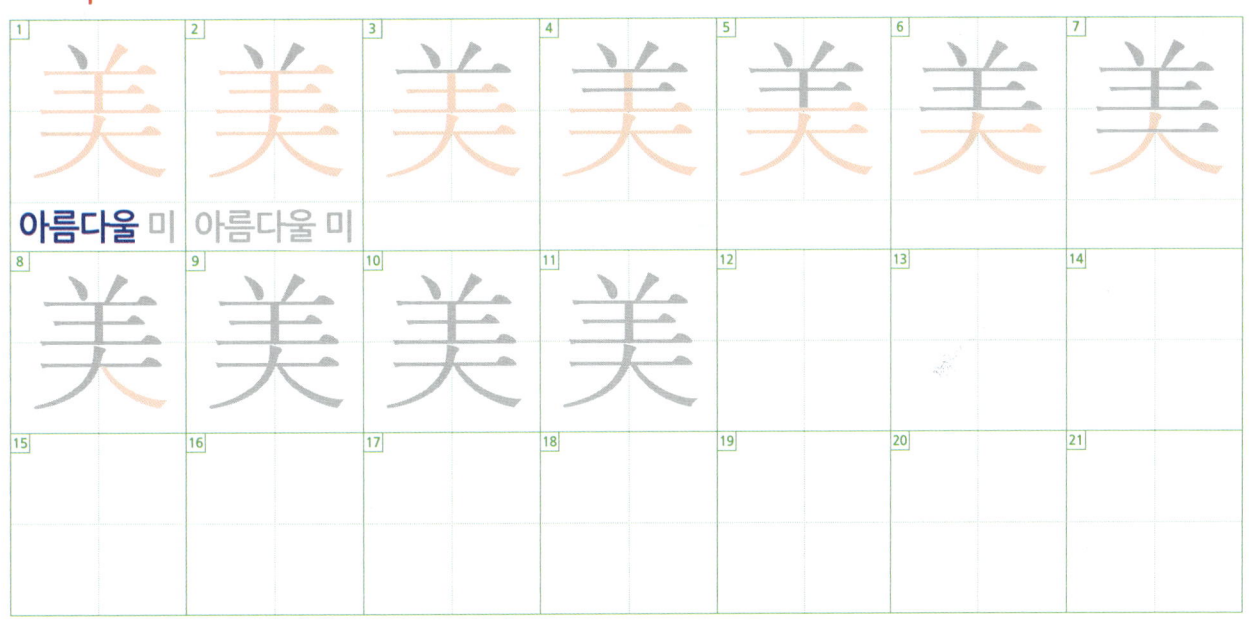

아름다울 미 아름다울 미

美 美 美 美

---

4 다음 문장 중 밑줄 친 부분을 한자어로 써 보세요.

나는 어제 **머리를 하는 곳**에서 머리를 짧게 잘랐어.

머리를 하는 곳 = □ 容 □

---

5 다음 낱말 중 美 **아름다울 미** 한자가 쓰인 단어는 무엇인지 2개 골라 ○표를 해 보세요.

환경미화원	미성년자	미안	미술
도로나 건물 등을 청소하는 직업	아직 성인이 아닌 사람	다른 이에게 폐를 끼쳐 마음이 편하지 못 함	아름다움을 표현하는 예술
( )	( )	( )	( )

術

재주

재주 술

재주 술

뜻(훈) 재주
소리(음) 술

영어 skill 기술

[재주 술은 **손을 빠르게 움직이는 모습**을 나타낸 한자입니다.]

술이라고 읽으며 재주, 꾀, 방법, 기술 등의 뜻이 있습니다.

예문 도깨비가 요술 방망이를 휘두르자 보물이 나왔다.
= 도깨비가 신비한 재주를 부리는 방망이를 휘두르자 보물이 나왔다.

📖 교과어휘

① **기술력**(技 術 力) 쓸모 있는 물건을 만들거나 문제를 해결하는 능력 국어 5-1(나)
　　　　재주 기 재주 술 힘력
② **무술**(武 術) 검술, 궁술 등을 익히는 몸의 수련 방법 겨울 1-2
　　　　호반 무 재주 술
③ **심술**(心 術) 정당한 이유 없이 고집을 부리는 마음 국어 3-1(나)
　　　　마음 심 재주 술
④ **미술품**(美 術 品) 그림, 조각 등의 예술 작품
　　　　아름다울 미 재주 술 물건 품
⑤ **예술가**(藝 術 家) 예술 활동을 전문적으로 하는 사람 겨울 2-2
　　　　재주 예 재주 술 집 가
⑥ **수술**(手 術) 의료 기기를 사용해서 환자의 피부, 뼈, 장기 등을 고치는 것 국어 2-1(나)
　　　　손 수 재주 술
⑦ **요술**(妖 術) 현실적이지 않은 신비한 재주 국어 2-2(가)
　　　　요사할 요 재주 술

1 다음 한자의 뜻(훈)과 소리(음)를 써 보세요.

術　　뜻(훈): ＿＿＿＿＿＿＿＿＿　　소리(음): ＿＿＿＿＿＿＿＿＿

2 다음 뜻에 알맞은 단어를 골라 빈칸에 한글로 써 보세요.

[1] 의료 기기를 사용해서 환자의 피부, 뼈, 장기 등을 고치는 것

①武術　　②手術
　호반 무

[2] 그림, 조각 등의 예술 작품

①技術力　　②美術品
　재주 기　　　물건 품

3 다음 **재주 술** 한자를 순서대로 써 보세요.

術 術 術 術 術 術 術 術 術 術 術

부수 行 (다닐행, 6획) 획수 총 11획

재주 술 재주 술

4 다음 문장 중 빈칸에 들어갈 알맞은 단어를 골라 보세요. ·························· [   ]

> 김홍도, 신윤복, 신사임당은 조선시대의 유명한 (   )입니다.

① 기술력(**技術力**)
재주 기

② 예술가(**藝術家**)
재주 예

③ 심술(**心術**)

5 다음 낱말 중 術 **재주 술** 한자가 쓰인 단어는 무엇인지 2개 골라 ○표를 해 보세요.

요술	논술	서술	무술
현실적이지 않은 신비한 재주	자신의 생각을 논리적으로 풂	어떤 내용을 차례대로 적음	검술, 궁술 등을 익히는 몸의 수련 방법
( )	( )	( )	( )

끝난 시간 [ ]시 [ ]분 1회 분 푸는 데 걸린 시간 [ ]분 5문제 중 [ ]개 3번은 정확히 다 써야 정답입니다. 스스로 붙임딱지

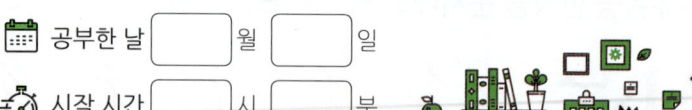

神

뜻(훈)　　귀신
소리(음)　신
영어　ghost 귀신

[귀신 신은 신에 의해 번개가 친다고 생각하던 모습을 나타낸 한자입니다.]

신이라고 읽으며 신, 신령, 불가사의한 것 등의 뜻이 있습니다.

예문 단군 신화는 언제 들어도 참 재밌어.
　　= 단군에 관한 신기한 이야기는 언제 들어도 참 재밌어.

📖 교과어휘

① 정신(精 神) 마음과 영혼. 또는 생각하고 판단하는 능력　국어 2-1(나)
　　정할 정 귀신 신
② 귀신(鬼 神) 죽은 사람의 영혼　국어 3-1(가)
　　귀신 귀 귀신 신
③ 산신(山 神) 산에 살며 산을 지키는 신　국어 5-1(나)
　　메 산 귀신 신
④ 신화(神 話) 신적인 대상을 중심으로 한 설화　국어 4-2(가)
　　귀신 신 말씀 화
⑤ 신전(神 殿) 신을 모신 궁전
　　귀신 신 전각 전
⑥ 신비(神 秘) 일반적인 생각이나 이론으로 설명되지 않는 묘함과 신기함　가을 1-2
　　귀신 신 숨길 비
⑦ 신경(神 經) 어떤 자극에 반응하거나 무언가에 대해 생각하는 작용　국어 3-1(나)
　　귀신 신 지날 경

1 다음 한자의 뜻(훈)과 소리(음)를 써 보세요.

神　　뜻(훈): ＿＿＿＿＿＿＿　　소리(음): ＿＿＿＿＿＿＿

2 다음 뜻에 알맞은 단어를 골라 빈칸에 한글로 써 보세요.

[1] 신적인 대상을 중심으로 한 설화

①神經　　②神話
　지날 경

[2] 산에 살며 산을 지키는 신

①神秘　　②山神
　숨길 비

3 다음 **귀신 신** 한자를 순서대로 써 보세요.

부수 **示** (보일시, 5획) 획수 총 10획

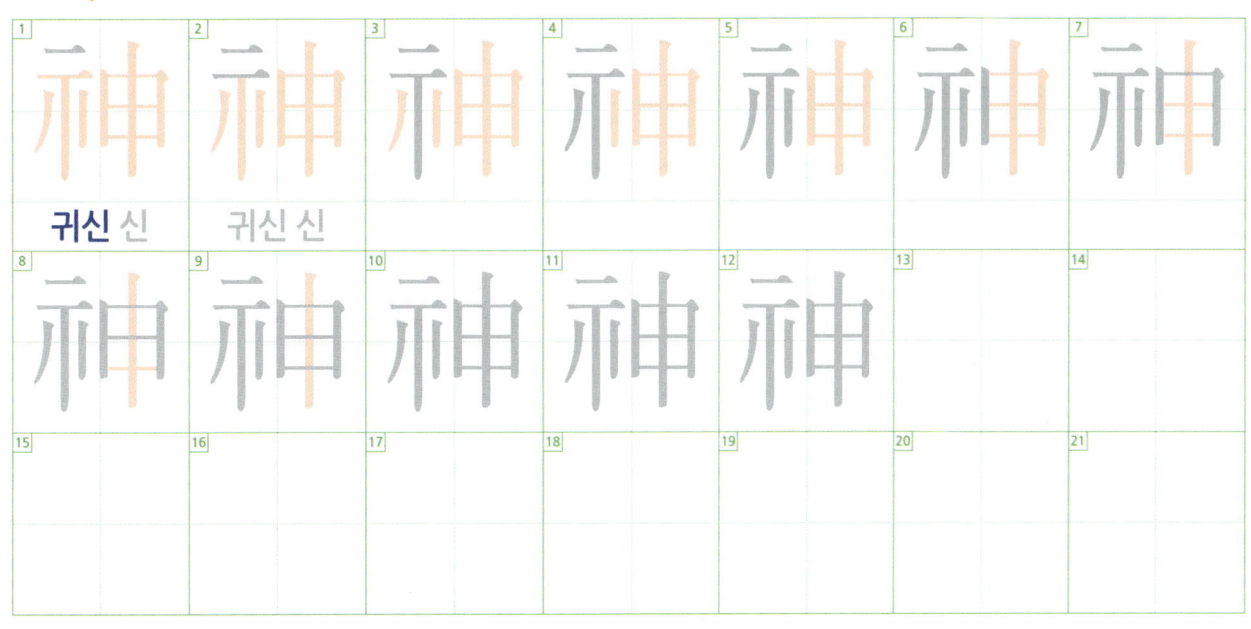

1 神	2 神	3 神	4 神	5 神	6 神	7 神
귀신 신	귀신 신					
8 神	9 神	10 神	11 神	12 神	13	14
15	16	17	18	19	20	21

4 다음 문장 중 밑줄 친 글자에 알맞은 한자를 보기에서 찾아 써 보세요.

보기 古 吉 神 伸 言 信

옛 어른들은 팥을 뿌리면 **귀신**이 물러간다고 **믿었어**.

① ☐ ② ☐ ③ ☐

5 다음 낱말 중 神 **귀신 신** 한자가 쓰인 단어는 무엇인지 2개 골라 ○표를 해 보세요.

신제품	신중	신전	정신
새로 나온 물건	몹시 조심스러움	신을 모신 궁전	마음과 영혼
( )	( )	( )	( )

🕐 끝난 시간 ☐시 ☐분 **1회 분 푸는 데 걸린 시간** ☐분 📋 **5문제 중** ☐개 3번은 정확히 다 써야 정답입니다. 스스로 붙임딱지

● 밑줄 친 글자의 한자를 찾아 번호를 써 보세요.

絕	世	美	人
끊을 **절**	인간 **세**	아름다울 **미**	사람 **인**

절세미인

세상에 비교할만한 사람이 없을 정도로 아름다운 사람이라는 의미입니다.

중국에는 서시, 왕소군, 초선, 양귀비라고 하는 유명한 **네** 명의 절세미인 이 있습니다. [8]

서시를 본 물고기는 헤엄치는 것을 잊어버려 **물**속으로 가라앉아 버렸습니다. [ ]

이 이야기를 두고 **사람**들은 서시를 물고기도 잠기게 하는 미모라고 표현했습니다. [ ]

왕소군을 본 기러기도 날갯짓을 멈추고 바라보다 그만 **땅**으로 떨어져 버렸습니다. [ ]

그래서 왕소군에게는 기러기를 떨어트리는 미모라는 별명이 붙었습니다.

선녀처럼 **아름다운** 초선을 본 달은 부끄러워 구름 **뒤**로 숨어버렸습니다. [ ] [ ]

그래서 초선은 **달**이 구름을 닫아서 자신을 가릴 정도의 미모라고 불렸습니다. [ ]

미인으로 가장 유명한 양귀비는 그녀가 **꽃**을 쓰다듬자 꽃이 고개 숙였다고 [ ]

하여, 사람들은 양귀비에게 꽃을 부끄럽게 만드는 미모라고 말했습니다.

보기

① 美 ② 人 ③ 花 ④ 水 ⑤ 地 ⑥ 後 ⑦ 月 ⑧ 四 (넉 사)

1주차 정답

01회
본문 08쪽

1 뜻(훈): __공평할__   소리(음): __공__

2 [1] 공평   [2] 공원

4 主人公 (주인공)

5 (공공장소)   허공   (공연)   공부

虛 빌 허 空 빌 공, 工 장인 공 夫 지아비 부

02회
본문 10쪽

1 뜻(훈): __한가지__   소리(음): __공__

2 [1] 공동   [2] 공유

4 ②

5 공사장   (공감)   공장   (공공시설)

工 장인 공 事 일 사 場 마당 장, 工 장인 공 場 마당 장

03회
본문 12쪽

1 뜻(훈): __모일__   소리(음): __사__

2 [1] 사장   [2] 신문사

4 사회

5 사각형   (여행사)   사촌   (출판사)

四 넉 사 角 뿔 각 形 모양 형, 四 넉 사 寸 마디 촌

04회
본문 14쪽

1 뜻(훈): __모일__   소리(음): __회__

2 [1] 회장   [2] 설명회

4 대회

5 회색   후회   (연주회)   (사회자)

灰 재 회 色 빛 색, 後 뒤 후 悔 뉘우칠 회

05회
본문 16쪽

1 뜻(훈): __업__   소리(음): __업__

2 [1] 작업   [2] 사업

4 ②

5 (졸업)   업신여김   (취업)   (업적)

복습해보기
본문 18쪽

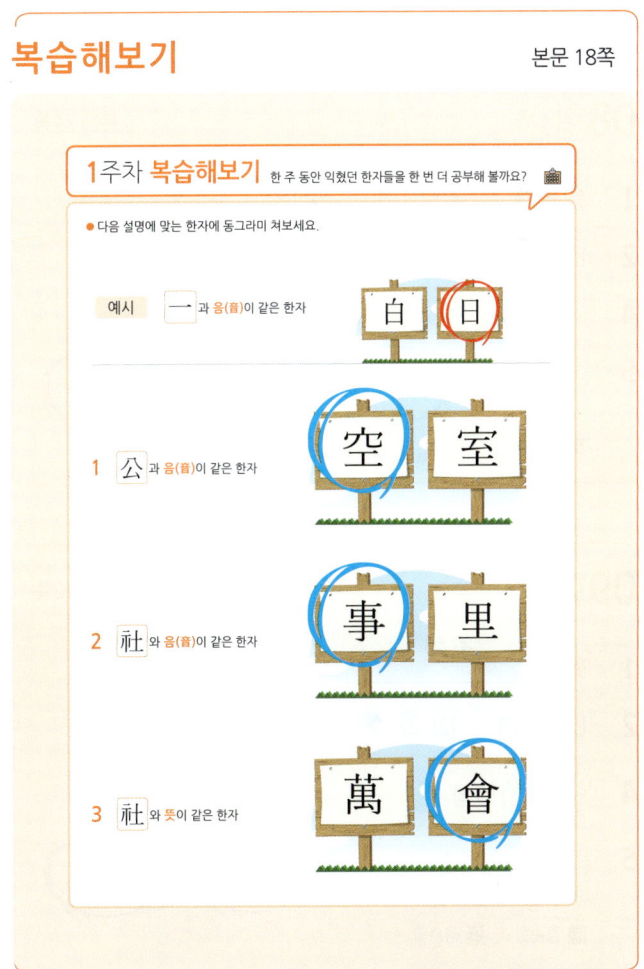

1주차 복습해보기 한 주 동안 익혔던 한자들을 한 번 더 공부해 볼까요?

● 다음 설명에 맞는 한자에 동그라미 쳐보세요.

예시 一 과 음(音)이 같은 한자   白 ⬤日

1 公 과 음(音)이 같은 한자   ⬤空   室

2 社 와 음(音)이 같은 한자   ⬤事   里

3 社 와 뜻이 같은 한자   萬   ⬤會

2주차 정답

06회
본문 20쪽

1 뜻(훈): **가르칠**   소리(음): **훈**

2 [1] 가훈   [2] 훈련

4 훈민정음

5 | 훈제 | 공훈 | (훈련소) | (훈장님) |

燻 연기낄 훈 製 지을 제, 功 공 공 勳 공 훈

07회
본문 22쪽

1 뜻(훈): **글**   소리(음): **장**

2 [1] 도장   [2] 문장가

4 문장부호

5 | 천하장사 | (훈장) | (명문장) | 장군 |

天 하늘 천 下 아래 하 壯 장할 장 士 선비 사 將 장수 장 軍 군사 군

08회
본문 24쪽

1 뜻(훈): **아이**   소리(음): **동**

2 [1] 동심   [2] 동화

4 ①

5 | 동해 | (구연동화) | 동서남북 | (동요) |

東 동녘 동 海 바다 해, 東 동녘 동 西 서녘 서 南 남녘 남 北 북녘 북

09회
본문 26쪽

1 뜻(훈): **손자**   소리(음): **손**

2 [1] 손녀   [2] 후손

4 長孫 (장손)

5 | 손톱 | 겸손 | (대대손손) | (증손자) |

謙 겸손할 겸 遜 겸손할 손

10회
본문 28쪽

1 뜻(훈): **집**   소리(음): **당**

2 [1] 식당   [2] 당당

4 ①

5 | 당장 | (소강당) | (국회의사당) | 당첨자 |

當 마땅 당 場 마당 장, 當 마땅 당 籤 제비 첨 者 놈 자

복습해보기
본문 30쪽

2주차 복습해보기 한 주 동안 익혔던 한자들을 한 번 더 공부해 볼까요?

● 다음 한자의 뜻에 알맞은 그림을 골라 보세요.

1 訓   ①   ②
2 章   ①   ②✓
3 童   ①   ②✓
4 孫   ①✓   ②
5 堂   ①   ②✓

1 ①
2 ②
3 ②
4 ①
5 ②

3주차 정답

11회
본문 32쪽

1 뜻(훈): **몸**   소리(음): **신**

2 [1] **심신**   [2] **대신**

4 **②**

5 | 최신 | **신분** | 산신령 | **자신** |

最 가장 최 **新** 새 신, **山** 메 산 **神** 귀신 신 **靈** 신령 령

12회
본문 34쪽

1 뜻(훈): **몸**   소리(음): **체**

2 [1] **전체**   [2] **정체**

4 **④**

5 | **체험** | **체육** | **생명체** | 체포 |

逮 잡을 체 **捕** 잡을 포

13회
본문 36쪽

1 뜻(훈): **머리**   소리(음): **두**

2 [1] **선두**   [2] **두건**

4 **만두**

5 | 두유 | **백두산** | **두뇌** | 두부 |

豆 콩 두 **乳** 젖 유, **豆** 콩 두 **腐** 썩을 부

14회
본문 38쪽

1 뜻(훈): **눈**   소리(음): **목**

2 [1] **과목**   [2] **목적지**

4 **①**

5 | **제목** | 목련 | 식목일 | **목격자** |

木 나무 목 **蓮** 연꽃 련, **植** 심을 식 **木** 나무 목 **日** 날 일

15회
본문 40쪽

1 뜻(훈): **놈**   소리(음): **자**

2 [1] **기자**   [2] **과학자**

4 **②**

5 | **독자** | 자식 | 손자 | **지도자** |

子 아들 자 **息** 쉴 식, **孫** 손자 손 **子** 아들 자

복습해보기
본문 42쪽

3주차 복습해보기 한 주 동안 익혔던 한자들을 한 번 더 공부해 볼까요?

● 다음 설명에 맞는 한자에 동그라미 쳐세요.

예시   一 과 음(音)이 같은 한자   白 / **日**

1 **體** 와 뜻이 같은 한자   靑 / **身**

2 **目** 과 음(音)이 같은 한자   **木** / 現

3 **者** 와 음(音)이 같은 한자   人 / **自**

4주차 정답

16회 본문 44쪽

1 뜻(훈): _____뿌리_____ 소리(음): _____근_____
2 [1] 근성 [2] 근본
4 ① 木 ② 根 ③ 地 (禾 벼 화, 琅 옥돌 랑, 址 터 지)
5 근거 / 사실무근 / 근소 / 연근
僅 겨우 근 少 적을 소

17회 본문 46쪽

1 뜻(훈): _____근본_____ 소리(음): _____본_____
2 [1] 본인 [2] 본래
4 基本 (기본)
5 본명 / 본격적 / 본드 / 본심

18회 본문 48쪽

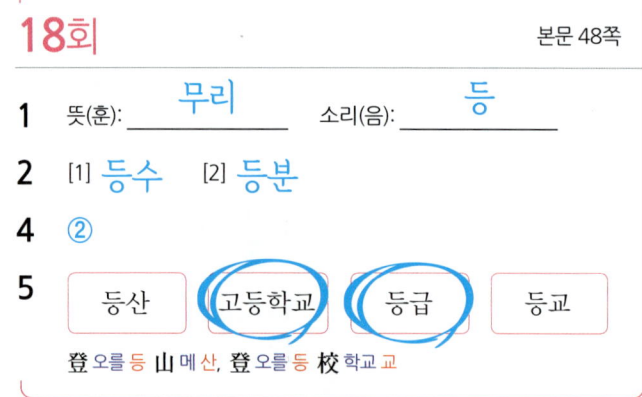

1 뜻(훈): _____무리_____ 소리(음): _____등_____
2 [1] 등수 [2] 등분
4 ②
5 등산 / 고등학교 / 등급 / 등교
登 오를 등 山 메 산, 登 오를 등 校 학교 교

19회 본문 50쪽

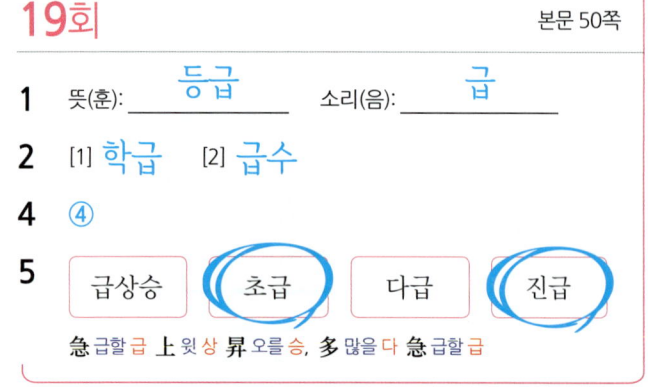

1 뜻(훈): _____등급_____ 소리(음): _____급_____
2 [1] 학급 [2] 급수
4 ④
5 급상승 / 초급 / 다급 / 진급
急 급할 급 上 윗 상 昇 오를 승, 多 많을 다 急 급할 급

20회 본문 52쪽

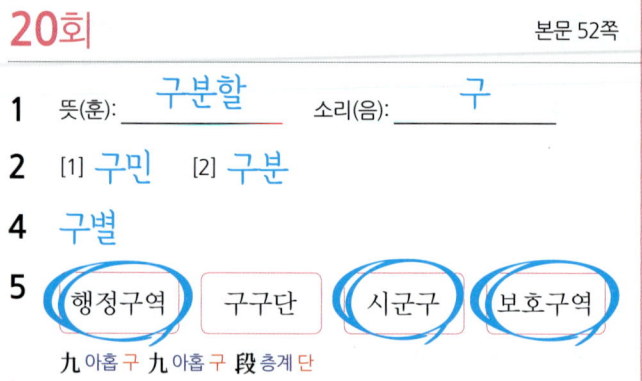

1 뜻(훈): _____구분할_____ 소리(음): _____구_____
2 [1] 구민 [2] 구분
4 구별
5 행정구역 / 구구단 / 시군구 / 보호구역
九 아홉 구 九 아홉 구 段 층계 단

복습해보기 본문 54쪽

4주차 복습해보기 한 주 동안 익혔던 한자들을 한 번 더 공부해 볼까요?

● 설명에 맞는 한자어를 빈칸에 한글로 써 보세요.

가로
① 根本 (근본)
사람이나 사물이 이루어지는 근원

② 初 等 學 校 (처음 초, 등)
공부할 나이가 된 아동에게 여러 기본 교육을 하는 의무 교육 기관

③ 北 半 球
적도를 기준으로 지구를 반으로 나누었을 때의 북쪽 지역

세로
① 近 郊 (근, 교)
도시 근처에 있는 마을이나 들

② 初 級 班 (처음 초)
기초를 배우는 반

④ 區 分
기준에 따라 전체를 몇 가지로 나눔

5주차 정답

21회   본문 56쪽

1 뜻(훈): __큰__   소리(음): __태__
2 [1] 태조   [2] 태평양
4 ①
5 (태평성대)   상태   형태   (태양광)

狀 형상 상 態 모습 태, 形 모양 형 態 모습 태

22회   본문 58쪽

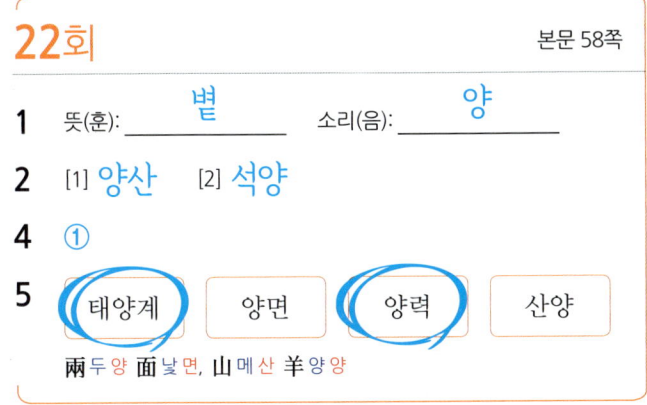

1 뜻(훈): __볕__   소리(음): __양__
2 [1] 양산   [2] 석양
4 ①
5 (태양계)   양면   (양력)   산양

兩 두 양 面 낯 면, 山 메 산 羊 양 양

23회   본문 60쪽

1 뜻(훈): __따뜻할__   소리(음): __온__
2 [1] 기온   [2] 온수
4 ③
5 평온   온전   (온도)   (온돌)

平 평평할 평 穩 편안할 온, 穩 편안할 온 全 온전 전

24회   본문 62쪽

1 뜻(훈): __눈__   소리(음): __설__
2 [1] 설빙   [2] 만년설
4 ① 童, ② 雪 (厘 가게 전)
5 (폭설)   (제설)   전설   소설가

傳 전할 전 說 말씀 설, 小 작을 소 說 말씀 설 家 집 가

25회   본문 64쪽

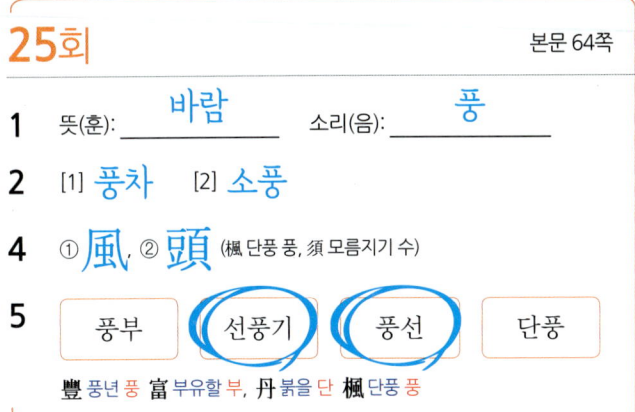

1 뜻(훈): __바람__   소리(음): __풍__
2 [1] 풍차   [2] 소풍
4 ① 風, ② 頭 (楓 단풍 풍, 須 모름지기 수)
5 풍부   (선풍기)   (풍선)   단풍

豐 풍년 풍 富 부유할 부, 丹 붉을 단 楓 단풍 풍

복습해보기   본문 66쪽

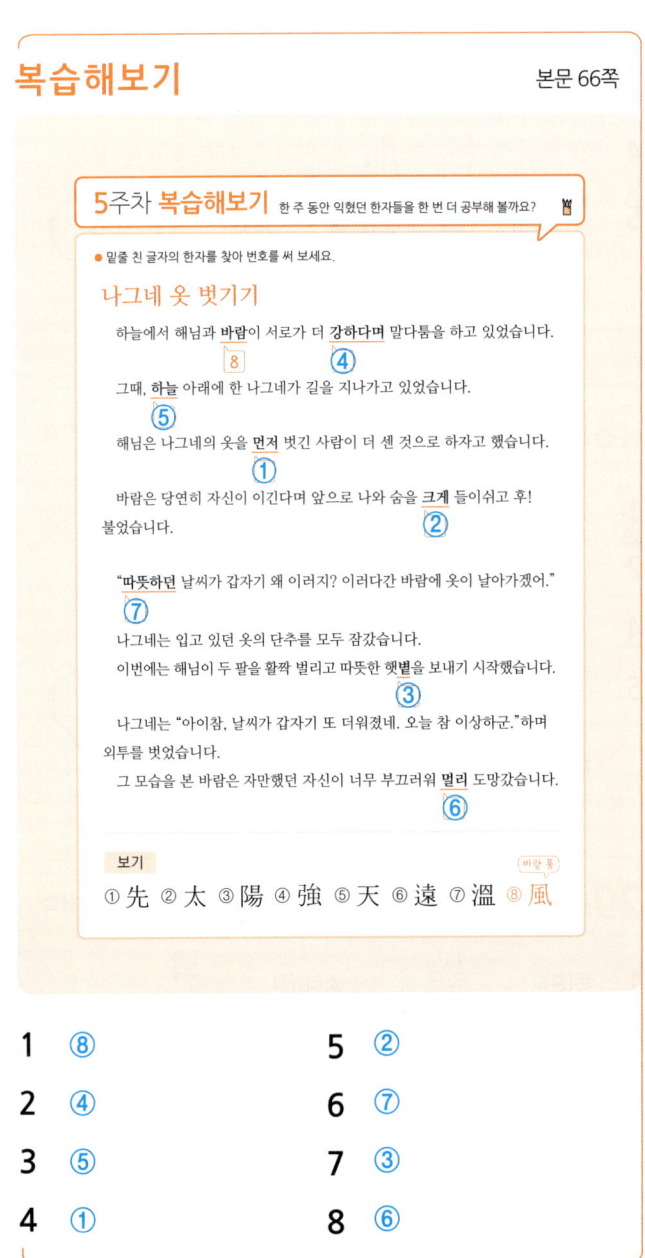

5주차 복습해보기 한 주 동안 익혔던 한자들을 한 번 더 공부해 볼까요?

● 밑줄 친 글자의 한자를 찾아 번호를 써 보세요.

나그네 옷 벗기기

하늘에서 해님과 **바람**이 서로가 더 **강하다며** 말다툼을 하고 있었습니다.
      ⑧   ④

그때, **하늘** 아래에 한 나그네가 길을 지나가고 있었습니다.
    ⑤

해님은 나그네의 옷을 **먼저** 벗긴 사람이 더 센 것으로 하자고 했습니다.
             ①

바람은 당연히 자신이 이긴다며 앞으로 나와 숨을 **크게** 들이쉬고 후!
불었습니다.   ②

"**따뜻하던** 날씨가 갑자기 왜 이러지? 이러다간 바람에 옷이 날아가겠어."
   ⑦

나그네는 입고 있던 옷의 단추를 모두 잠갔습니다.

이번에는 해님이 두 팔을 활짝 벌리고 따뜻한 **햇볕**을 보내기 시작했습니다.
                               ③

나그네는 "아이참, 날씨가 갑자기 또 더워졌네. 오늘 참 이상하군."하며
외투를 벗었습니다.

그 모습을 본 바람은 자만했던 자신이 너무 부끄러워 **멀리** 도망갔습니다.
                                        ⑥

보기
① 先 ② 太 ③ 陽 ④ 強 ⑤ 天 ⑥ 遠 ⑦ 溫 ⑧ 風

1 ⑧		5 ②	
2 ④		6 ⑦	
3 ⑤		7 ③	
4 ①		8 ⑥	

6주차 정답

26회
본문 68쪽

1 뜻(훈): 옷   소리(음): 의
2 [1] 상의   [2] 의식주
4 脫衣室 (탈의실)
5 논의 | 의도 | (백의민족) | (의상)

論 논할 논 議 의논할 의, 意 뜻 의 圖 그림 도

27회
본문 70쪽

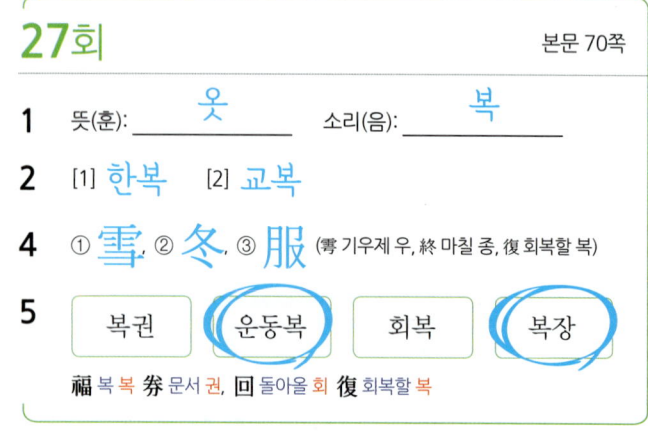

1 뜻(훈): 옷   소리(음): 복
2 [1] 한복   [2] 교복
4 ① 雪, ② 冬, ③ 服 (雩 기우제 우, 終 마칠 종, 復 회복할 복)
5 복권 | (운동복) | 회복 | (복장)

福 복 복 券 문서 권, 回 돌아올 회 復 회복할 복

28회
본문 72쪽

1 뜻(훈): 그림   소리(음): 도
2 [1] 시도   [2] 도장
4 도서관
5 온도 | 독도 | (약도) | (도화지)

溫 따뜻할 온 度 법도 도, 獨 홀로 독 島 섬 도

29회
본문 74쪽

1 뜻(훈): 그림   소리(음): 화
2 [1] 화가   [2] 명화
4 ①
5 화요일 | (자화상) | (수채화) | 무궁화

火 불 화 曜 빛날 요 日 날 일, 無 없을 무 窮 다할 궁 花 꽃 화

30회
본문 76쪽

1 뜻(훈): 향할   소리(음): 향
2 [1] 향상   [2] 외향성
4 방향
5 고향 | 향기 | (방향감각) | (취향)

故 연고 고 鄕 시골 향, 香 향기 향 氣 기운 기

복습해보기
본문 78쪽

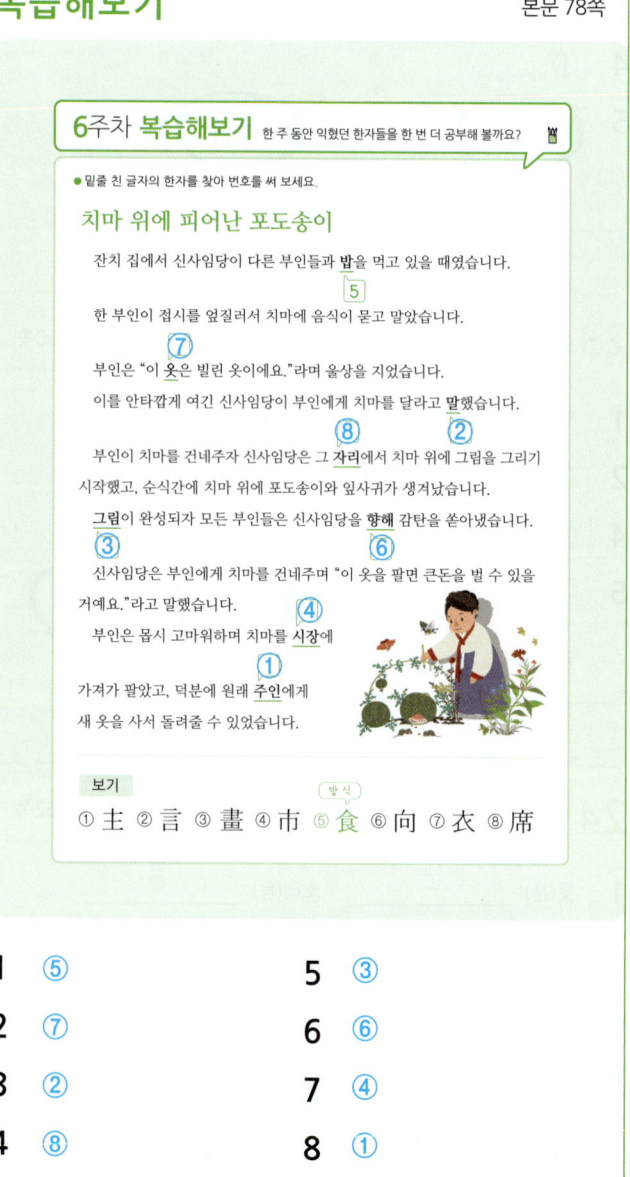

6주차 복습해보기 한 주 동안 익혔던 한자들을 한 번 더 공부해 볼까요?

● 밑줄 친 글자의 한자를 찾아 번호를 써 보세요.

치마 위에 피어난 포도송이

잔치 집에서 신사임당이 다른 부인들과 **밥**을 먹고 있을 때였습니다.
⑤

한 부인이 접시를 엎질러서 치마에 음식이 묻고 말았습니다.

부인은 "이 **옷**은 빌린 옷이에요."라며 울상을 지었습니다.
⑦

이를 안타깝게 여긴 신사임당이 부인에게 치마를 달라고 **말**했습니다.

부인이 치마를 건네주자 신사임당은 그 **자리**에서 치마 위에 그림을 그리기
⑧   ②
시작했고, 순식간에 치마 위에 포도송이와 잎사귀가 생겨났습니다.

그림이 완성되자 모든 부인들은 신사임당을 **향해** 감탄을 쏟아냈습니다.
③   ⑥

신사임당은 부인에게 치마를 건네주며 "이 옷을 팔면 큰돈을 벌 수 있을
거예요."라고 말했습니다.
④
부인은 몹시 고마워하며 치마를 **시장**에
①
가져가 팔았고, 덕분에 원래 주인에게
새 옷을 사서 돌려줄 수 있었습니다.

보기
①主 ②言 ③畫 ④市 ⑤食 ⑥向 ⑦衣 ⑧席

1 ⑤   5 ③
2 ⑦   6 ⑥
3 ②   7 ④
4 ⑧   8 ①

7주차 정답

31회
본문 80쪽

1 뜻(훈): __소리__ 소리(음): __음__

2 [1] 고음 [2] 모음

4 자음

5 | 음식 | (녹음기) | (음악) | 음력 |

飮 마실 음 食 밥 식, 陰 그늘 음 曆 책력 력

32회
본문 82쪽

1 뜻(훈): __즐길__ 소리(음): __락__

2 [1] 국악 [2] 음악가

4 ②

5 | (현악기) | 파악 | 악수 | (오락) |

把 잡을 파 握 쥘 악, 握 쥘 악 手 손 수

33회
본문 84쪽

1 뜻(훈): __쓸__ 소리(음): __고__

2 [1] 생고생 [2] 고민

4 고통

5 | 참고서 | (고생담) | 사고력 | (동고동락) |

參 참여할 참 考 생각할 고 書 글 서, 思 생각 사 考 생각할 고 力 힘 력

34회
본문 86쪽

1 뜻(훈): __다행__ 소리(음): __행__

2 [1] 행운 [2] 다행

4 천만다행

5 | (행복감) | (행운아) | 은행 | 진행 |

銀 은 은 行 다닐 행, 進 나아갈 진 行 다닐 행

35회
본문 88쪽

1 뜻(훈): __옮길__ 소리(음): __운__

2 [1] 운동장 [2] 운행

4 ①

5 | 운율 | (운전사) | (운동회) | 여운 |

韻 운 운 律 법칙 율, 餘 남을 여 韻 운 운

복습해보기
본문 90쪽

7주차 복습해보기 한 주 동안 익혔던 한자들을 한 번 더 공부해 볼까요?

● 밑줄 친 글자의 한자를 찾아 번호를 써 보세요.

고양이 목에 방울 달기

어느 **마을**에 무시무시한 고양이가 살고 있었습니다.
[6]
고양이가 너무 무서웠던 쥐들은 대책 회의를 열었습니다.
"고양이 때문에 먹이를 구하지도 못하겠어, 좋은 방법이 없을까?"
그때 한 쥐가 말했습니다. "고양이 목에 방울을 달자!
그럼 고양이가 **가까이** 왔을 때 우리가 방울 **소리**를 듣고 **먼저** 숨을 수
⑦   ①   ⑧
있잖아!"

그 말을 들은 쥐들은 매우 기뻐하며, 먹이를 가져올 생각에 **즐거워**했습니다. ②
그때 **나이** 든 쥐가 말했습니다. "누가 고양이의 목에 방울을 달 텐가?"
④
그러자 순식간에 조용해졌습니다. 아무도 목숨을 걸고 싶지
않았기 때문입니다. ③
결국 쥐들이 고양이 목에 방울을 다는 **일**은 없었습니
다. ⑤
이처럼 행동으로 **옮기지** 못 할 일을 말로 회의만
하는 것을 두고 '고양이 목에 방울 달기'라고 합니다.

보기

① 音 ② 樂 ③ 事 ④ 老 ⑤ 運 ⑥ 里 ⑦ 近 ⑧ 先

1	⑥	5	②
2	⑦	6	④
3	①	7	③
4	⑧	8	⑤

8주차 정답

36회
본문 92쪽

1 뜻(훈): ___뿔___ 소리(음): ___각___

2 [1] 각도 [2] 사각형

4 직각

5
| 각오 | 착각 | (삼각형) | (각설탕) |

覺 깨달을 각 悟 깨달을 오, 錯 어긋날 착 覺 깨달을 각

37회
본문 94쪽

1 뜻(훈): ___모양___ 소리(음): ___형___

2 [1] 인형 [2] 도형

4 무형문화재

5
| 형사 | 균형 | (유형문화재) | (형태) |

刑 형벌 형 事 일 사, 均 고를 균 衡 저울대 형

38회
본문 96쪽

1 뜻(훈): ___줄___ 소리(음): ___선___

2 [1] 점선 [2] 수평선

4 ① 今 ② 線 (腺 샘 선)

5
| (곡선) | 솔선수범 | (출발선) | 운동선수 |

率 거느릴 솔 先 먼저 선 垂 드리울 수 範 법 범,
運 옮길 운 動 움직일 동 選 가릴 선 手 손 수

39회
본문 98쪽

1 뜻(훈): ___성씨___ 소리(음): ___박___

2 [1] 박제상 [2] 밀양박씨

4 ① 王 ② 朴 ③ 生 (玉 구슬 옥, 沐 머리 감을 목)

5
| (박지원) | 박수 | 박물관 | (순박) |

拍 칠 박 手 손 수, 博 넓을 박 物 물건 물 館 집 관

40회
본문 100쪽

1 뜻(훈): ___오얏___ 소리(음): ___리___

2 [1] 이이 [2] 이성계

4 ① 李 ② 多 ③ 時代

5
| 이사 | (이중섭) | 수리 | (이황) |

移 옮길 이 徙 옮길 사, 修 닦을 수 理 다스릴 리

복습해보기
본문 102쪽

8주차 복습해보기 한 주 동안 익혔던 한자들을 한 번 더 공부해 볼까요?

● 다음 설명에 맞는 한자에 동그라미 쳐보세요.

예시 一 과 음(음)이 같은 한자 → 白 (日)

1 角 과 음(음)이 같은 한자 → 名 (各)

2 形 과 음(음)이 같은 한자 → 問 (兄)

3 李 와 음(음)이 같은 한자 → (理) 秋

9주차 정답

41회　　　　　　　　　本文 104쪽

1 뜻(훈): 하여금　소리(음): 사
2 [1] 천사　[2] 사용자
4 ③
5 사차원　(홍보대사)　(사용료)　조종사

四 넉 사　次 버금 차　元 으뜸 원, 操 잡을 조　縱 세로 종　士 선비 사

42회　　　　　　　　　本文 106쪽

1 뜻(훈): 쓸　소리(음): 용
2 [1] 이용　[2] 식용유
4 일회용
5 용서　미용실　(재활용)　(생활용품)

容 얼굴 용　恕 용서할 서, 美 아름다울 미　容 얼굴 용　室 집 실

43회　　　　　　　　　本文 108쪽

1 뜻(훈): 뜰　소리(음): 정
2 [1] 가정　[2] 가정학습
4 정원
5 정직　다정　(가정통신문)　(정원사)

正 바를 정　直 곧을 직, 多 많을 다　情 뜻 정

44회　　　　　　　　　本文 110쪽

1 뜻(훈): 동산　소리(음): 원
2 [1] 공원　[2] 과수원
4 식물원
5 (원두막)　(유치원)　병원　소원

病 병 병　院 집 원, 所 바 소　願 원할 원

45회　　　　　　　　　本文 112쪽

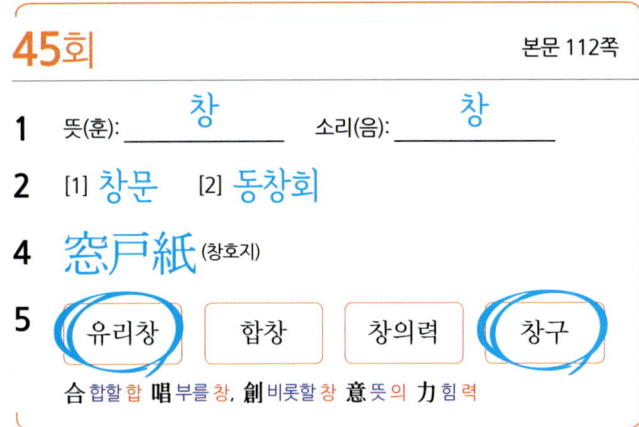

1 뜻(훈): 창　소리(음): 창
2 [1] 창문　[2] 동창회
4 窓戸紙 (창호지)
5 (유리창)　합창　창의력　(창구)

合 합할 합　唱 부를 창, 創 비롯할 창　意 뜻 의　力 힘 력

복습해보기　　　　　　　本文 114쪽

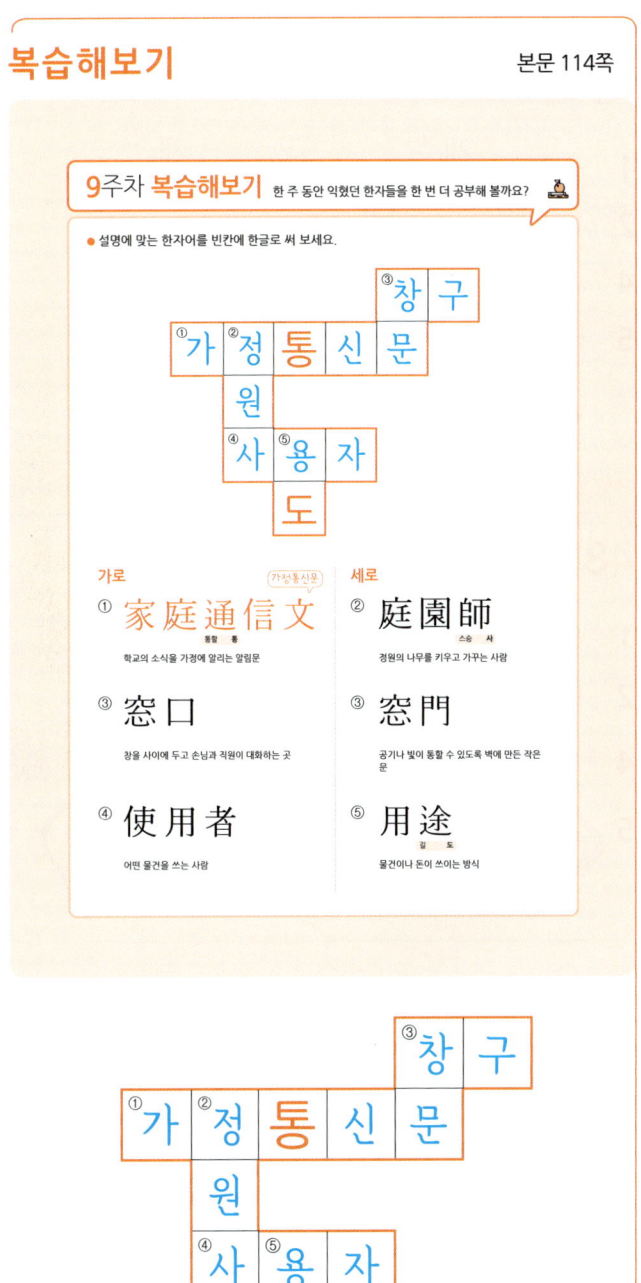

9주차 복습해보기 한 주 동안 익혔던 한자들을 한 번 더 공부해 볼까요?

● 설명에 맞는 한자어를 빈칸에 한글로 써 보세요.

				③창	구
①가	②정	통	신	문	
	원				
	④사	⑤용	자		
	도				

가로
① 家庭通信文 (가정통신문)
학교의 소식을 가정에 알리는 알림문

③ 窓口
창을 사이에 두고 손님과 직원이 대화하는 곳

④ 使用者
어떤 물건을 쓰는 사람

세로
② 庭園師 (스승 사)
정원의 나무를 키우고 가꾸는 사람

③ 窓門
공기나 빛이 통할 수 있도록 벽에 만든 작은 문

⑤ 用途 (길 도)
물건이나 돈이 쓰이는 방식

10주차 정답

46회 본문 116쪽

1 뜻(훈): __꽃부리__ 소리(음): __영__

2 [1] 영웅 [2] 영국

4 영어

5 (영한사전) 영수증 영토 (영문학과)

領 거느릴 영 收 거둘 수 證 증거 증, 領 거느릴 영 土 흙 토

47회 본문 118쪽

1 뜻(훈): __재주__ 소리(음): __재__

2 [1] 재롱 [2] 영재

4 ④

5 존재 (재능) (재치) 잠재력

存 있을 존 在 있을 재, 潛 잠길 잠 在 있을 재 力 힘 력

48회 본문 120쪽

1 뜻(훈): __아름다울__ 소리(음): __미__

2 [1] 미인 [2] 전통미

4 美容室 (미용실)

5 (환경미화원) 미성년자 미안 (미술)

未 아닐 미 成 이룰 성 年 해 년 者 놈 자, 未 아닐 미 安 편안 안

49회 본문 122쪽

1 뜻(훈): __재주__ 소리(음): __술__

2 [1] 수술 [2] 미술품

4 ②

5 (요술) 논술 서술 (무술)

論 논할 논 述 펼 술, 敍 펼 서 述 펼 술

50회 본문 124쪽

1 뜻(훈): __귀신__ 소리(음): __신__

2 [1] 신화 [2] 산신

4 ① 古, ② 神, ③ 信 (吉 길할 길, 伸 펼 신)

5 신제품 신중 (신전) (정신)

新 새 신 製 지을 제 品 물건 품, 愼 삼갈 신 重 무거울 중

복습해보기 본문 126쪽

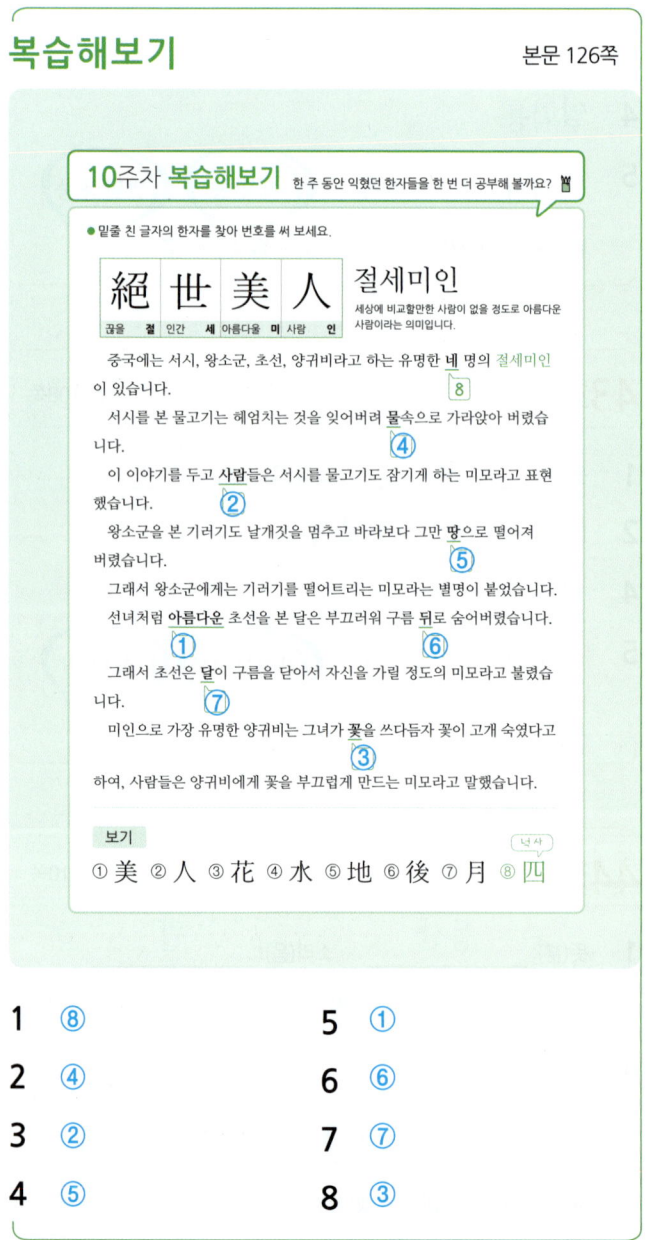

1 ⑧   5 ①
2 ④   6 ⑥
3 ②   7 ⑦
4 ⑤   8 ③

뿌리깊은 초등국어 한자 6급(5단계) 스티커

公 共 社 會 業 訓 章 童 孫 堂
身 體 頭 目 者 根 本 等 級 區
太 陽 溫 雪 風 衣 服 圖 畫 向
音 樂 苦 幸 運 角 形 線 朴 李
使 用 庭 園 窓 英 才 美 術 神

천재 천재 천재 천재 천재 천재 천재 천재 천재 천재
천재 천재 천재 천재 천재 천재 천재 천재 천재 천재
대단해요! 대단해요! 대단해요! 대단해요! 대단해요! 대단해요! 대단해요! 대단해요! 대단해요! 대단해요!
참 잘했어요! 참 잘했어요! 참 잘했어요! 참 잘했어요! 참 잘했어요! 참 잘했어요! 참 잘했어요! 참 잘했어요! 참 잘했어요! 참 잘했어요!
스스로 했어요! 스스로 했어요! 스스로 했어요! 스스로 했어요! 스스로 했어요! 스스로 했어요! 스스로 했어요! 스스로 했어요! 스스로 했어요! 스스로 했어요!
재밌다! 재밌다! 재밌다! 재밌다! 재밌다! 재밌다! 재밌다! 재밌다! 재밌다! 재밌다!
정말 재밌다! 정말 재밌다! 정말 재밌다! 정말 재밌다! 정말 재밌다! 정말 재밌다! 정말 재밌다! 정말 재밌다! 정말 재밌다! 정말 재밌다!
어렵다! 어렵다! 어렵다! 어렵다! 어렵다! 어렵다! 어렵다! 어렵다! 어렵다! 어렵다!
복습하자! 복습하자! 복습하자! 복습하자! 복습하자! 복습하자! 복습하자! 복습하자! 복습하자! 복습하자!
대단해요! 대단해요! 대단해요! 대단해요! 대단해요! 대단해요! 대단해요! 대단해요! 대단해요! 대단해요!